परिधि पर स्त्री

परिधि पर स्त्री

मृणाल पाण्डे

राधाकृष्ण
नई दिल्ली पटना इलाहाबाद कोलकाता

ISBN : 978-81-8361-173-2

परिधि पर स्त्री (स्त्री-विमर्श)

पहला संस्करण : 1996
तीसरी आवृत्ति : 2015

मूल्य : ₹ 250

प्रकाशक
राधाकृष्ण प्रकाशन प्राइवेट लिमिटेड
7/31, अंसारी मार्ग, दरियागंज, नई दिल्ली-110 002

शाखाएँ : अशोक राजपथ, साइंस कॉलेज के सामने, पटना-800 006
पहली मंजिल, दरबारी बिल्डिंग, महात्मा गांधी मार्ग, इलाहाबाद-211 001
36 ए, शेक्सपियर सरणी, कोलकाता-700 017

वेबसाइट : www.radhakrishnaprakashan.com
ई-मेल : info@radhakrishnaprakashan.com

मुद्रक
बी.के. ऑफसेट
नवीन शाहदरा, दिल्ली-110 032

PARIDHI PER STREE
Essays by Mrinal Pande

प्राक्कथन उर्फ़ हाशिए पर मित्र-संलाप

मैं चुपचाप उसकी बातें सुनती गई। बातें दीर्घसूत्री थीं, और उनमें प्रश्न और उत्तर एक के बाद एक, अक्सर बिना साँस लिये, पिरोए गये थे। बीच में उसे कभी उचित शब्द न मिलते तो भी उसका निचला होंठ कुछ देर ऊँट की तरह बलबलाता रहता—ब्ब... ब्ब... ब्ब...। हर कटूक्ति के बाद वह व्यंग्य से कहता—'क्यों ?'

मैंने राय न दी।

ऐसे प्रश्न पूछने वालों को राय की अपेक्षा नहीं होती, उन्हें तो अपनी बातें उँडेलने को एक जोड़ा चर्चित कान चाहिए। अपना चिंतन उलीचने के बाद वे कर्तव्यभार से मुक्त हो जाते हैं। कमोवेश। उस वक्त बहस का मतलब था फ़ी दस शब्दों के बयान की प्रतिक्रिया में दस हज़ार शब्दों की उग्र प्रतिक्रिया। प्रतिक्रिया भी क्या, निपट सुनी-सुनाई जनश्रुतियों और जनापवादों की रोंयेदार बासी गुठलियों का विरेचन भर :

औरत ही औरत की दुश्मन होती है। ब्ब... ब्ब... ब्ब...।

सारी फ़ेमिनिस्ट औरतें तर्क-विमुख होती हैं और पुरुषों से घृणा करती हैं। ब्ब... ब्ब... ब्ब...।

फ़ेमिनिज्म एक पच्छिमी दर्शन है। कोकाकोला की तरह एक झागदार और लुभावना आयात भर। ब्ब...ब्ब...।

नारी-संगठन बस नारेबाजी और गोष्ठियों का आयोजन भर करते हैं। गाँवों में कोई रुचि नहीं उनकी। ब्ब... ब्ब...।

मध्यवर्ग की शहरी कामकाजी औरतें काम तो क्या मटरगश्ती करने को जाती हैं। घर-बच्चे इसी से टूट रहे हैं। ब्ब... ब्ब...।

जो लड़कियाँ ससुराली शोषण और सड़कों पर छेड़छाड़ की शिकायत करती हैं, एडज़स्ट करना नहीं जानतीं। ब्ब... ब्ब...।

उसकी इस फितूरी बकवासी, उसकी चुहलभरी तर्ज़ और सबसे बढ़कर उसका कौवे की तरह तिरछी दृष्टि से बीच-बीच में मेरे क्रोध के प्रत्याशित उफ़ान को मापने की चिर-परिचित चेष्टा करना, इन सबसे मेरे भीतर-भीतर एक आग-सी सुलगने लगी थी, पर फिर भी उसका जोश बैठने की उम्मीद में मैंने चेहरा भावशून्य और प्रतिक्रियाहीन बनाए रखा। या कम-से-कम मैंने समझा कि मैं ऐसा कर रही हूँ।

वैसे वह एक भलामानस और पुराना प्रिय सहपाठी मित्र है। उसके-मेरे बाल एक साथ सफ़ेद हुए हैं। कई पारिवारिक और राष्ट्रीय मसलों पर हमने समवेत रूप से एक-दूसरे के विद्रोह को मूक या मुखर समर्थन भी दिया है। कम-से-कम पुरानी मित्रता को तो दरकार था ही, कि उसे पूरे का पूरा सुन ही डाला जाये। सींग भिड़ाये जाएँ तो उसके उपरांत। इससे कम-से-कम कमबख़्त इसकी एक स्थापना तो तुरत निरस्त होती चलेगी, कि आज की पढ़ी-लिखी कामकाजी औरतें अपनी ही कहती हैं—दूसरे की नहीं सुनतीं।

और भई ईमान से पूछा जाये, तो फिर औरतों के मामलों में समाज की स्वीकृत नैतिकता से मिला अंतिम फतवा देने का अधिकार छोड़ने के लिए भला कौन सहजता से तैयार हो जाता है ?

फिर मनुष्य के रूप में हम सभी की—हम स्त्री हों या पुरुष—कुछ सीमाएँ-विवशताएँ भी हैं। शायद मैं भी इनका अपवाद नहीं। मैं भी तो किसी दूसरे के विश्लेषण पर सौ-फ़ीसदी यकीन नहीं कर सकती। उससे आंशिक तौर पर ही सहमत होती हूँ। मेरी राय में तुरत सौ फ़ीसदी सहमति में मुड़िया हिलाने वालों से वैसे भी भरोसेमंद घनिष्ठता नहीं बन सकती। क्योंकि अंततः वे या तो पाखंडी-काइयाँ निकलते हैं, या अव्वल दर्ज़े के मूर्ख।

ख़ैर, भला हो भगवान का, जिसने मनुष्य की वाक्तंत्रियों को असीमित ताक़त नहीं दी। मित्र का उफ़ान अंततः बैठ ही गया। तनिक झेंपी-सी हँसी से चुनौतीपूर्ण सुर में जब वह अंतिम बार बोला, कि—'क्यों ?' तो उसकी आवाज़ की धार काफ़ी मद्धिम पड़ चुकी थी, और उसकी ज़ोरदार अनास्था पर उफ़नाया मेरा शुरुआती गुस्सा भी बैठ चला था।

दरअसल नारीवाद का विषय ही ऐसा है कमबख़्त, कि सालों पुराने और अच्छे-खासे बुद्धिमान पुरुष मित्र भी इसको हाथ में लेते ही अपनी सहज मानवीयता छोड़कर एक पकी-पकाई पारंपरिक भाषा में न्यायाधीश के सुर में बोलने लगते हैं—सभाओं में, घरों में, सम्पादकीयों में ऐसे कई वक्ताओं की वक्तृता पढ़ते-सुनते हुए मुझे लगता है कि ऐसी बहसें अक्सर अनुभव के नहीं, आधार पर नहीं, बल्कि अंदाज के आधार पर सिर्फ़ बहस उठाने भर को छेड़ दी जाती हैं। क्योंकि उनके केंद्र में स्थित मुद्दा एक सचमुच की जीती-जागती

जीवन-पद्धति नहीं, बल्कि एक तरह का तिलिस्मी पिटारी माना गया होता जिसके भीतर सामान्य जीवन की सामान्य व्यावहारिक सचाइयाँ नहीं; वरन्, चमत्कार ही चमत्कार निकलेंगे, जो या तो भरमाएँगे या डराएँगे या फिर बुद्धि हरकर सम्मोहित कर देंगे।

पुरुष मित्रों की बतकही से लेकर अख़बारों-विज्ञापनों और फ़िल्मों तक में अक्सर स्त्रियों की दशा परखते समय ठोस भौतिक सचाइयों को तो हम लोग लगातार परे ढकेलते जाते हैं, और हमारी तमाम वक्तृता उसके कुछ बेहद रूढ़िवादी तेवरों या ख़ास तरह की बातचीत या पहनने-ओढ़ने, उठने-बैठने की प्रदर्शनकारी वृत्तियों पर ही केंद्रित होकर रह जाती है। यदि बीच में टोककर उनको इस तिलिस्मी खोह से बाहर ठोस प्रमाणों की उजास में लाया जाये, तो लोग-बाग अक्सर एक हिस्टीरिकेल तीख़ेपन से शुद्ध, 'तेली रे तेली तेरे सर पर कोल्हू' की तर्ज़ वाले प्रतिवाद पर उतर आते हैं, कि तुक नहीं मिली तो क्या, गर्दन तो तेरी झुक गई।

धीरज से उनके थकने की प्रतीक्षा ही उचित है। मैंने फुर्सती साँस लेकर तय कर लिया।

इसमें कोई शक नहीं कि वैसे हमारे इस समय में तमाम और जटिल मानवीय मुद्दों की ही तरह नारीवाद का सवाल भी काफ़ी उलझा हुआ है। यह भी सच है, कि कभी कुछ मायनों में (जैसे सौंदर्य प्रतियोगिताओं के आयोजकों के आत्म विज्ञापनों में) नारीवाद की स्थापनाएँ मूल कथ्य से विच्छिन्न करके निजी स्वार्थ को पोसाने के लिए धड़ाधड़ इस्तेमाल की जा रही हैं। और जब ऐसा होता है तो नारीवाद हमें देश के वृहत्तर समाज की आत्मकेंद्रित भोगवादी मान्यताओं का आईना सरीखा दीखने लगता है। इसी तरह कभी-कभी (जैसे जब भ्रष्ट राजनीतिक दलों के पिछलग्गू महिला धड़ों द्वारा मात्र सत्तारूढ़ विपक्षी दलों को नीचा दिखाने के लिए किसी तात्कालिक बलात्कार या पिटाई के मामले को लेकर) उनके शासन-तले नारी-गरिमा के कथित दमन या विनाश पर घड़ियाली आँसू बहाये जा रहे हों, तो नारीवाद हमें मुख्य धारा की भ्रष्ट राजनीति का और भी भ्रष्ट स्वांग-सा भी प्रतीत होने लगता है। लेकिन यह सब तो किसी भी जीवंत विचारधारा के साथ होता संभव है। चूँकि अपने समय के तमाम मूल्यों और उन मूल्यों के मानवीय प्रतिनिधियों से जीवन-दर्शन का लगातार मिलना-टकराना चलता रहेगा ही, अतः हर बुनियादी चिंतनधारा में अक्सर कई छद्ममूल्य और उनके छद्म-प्रतिनिधि भी जुड़ते रहेंगे और तब ग़लत हाथों द्वारा उसका ग़लत इस्तेमाल किया जाना एक नितांत प्रत्याशित बात बन जाती है। लेकिन हमारे

समय में एक या अनेक लोग नारीवाद का एक ग़लत इस्तेमाल करते हुए उसे भले ही अपने अहं का प्रक्षेप या उपभोक्तावादी स्वार्थसाधन या फिर सीधे वोट उगाही का जरिया क्यों न बनाते रहें, इस विचारधारा को मात्र एक चमत्कार के रूप में ही अंगीकार करनेवाले ज़्यादातर मौक़ापरस्त गुट या लोग समय की कसौटी पर कुछ समय बाद नारीवाद के स्वस्थ प्रतिनिधि नहीं, बल्कि बहुत करके हीनभाव से ग्रस्त अराजक और मौक़ापरस्त अहंवादी ही साबित होते हैं। उनमें इस दर्शन की मूल भव्यता या ईमानदार मानवीयता को खोजना और उसे वहाँ न पाने पर इस दर्शन को कोसना व्यर्थ होगा।

"दरअसल", मैंने अपने मित्र से कहा, "तुमने अपने मन में चालू टी. वी. कार्यक्रम देखकर और रंगीन अख़बारी परिशिष्टों के आलेख पढ़कर नारीवाद का एक चमत्कारिक खाका बना रखा है। तुम अपने उन ठोस संवेदनात्मक अनुभवों को, जो लगातार तुम्हारी त्वचा से रगड़ खाते चलते हैं, इसलिए दूर फेंक देते हो कि वह तुम्हारे इस दिमाग़ी खाँचे में फिट नहीं होते। क्या पूछा जा सकता है कि :

क्यों नारी को नारी का शत्रु मानने का ही इतना गलाफाड़ प्रचार होता है, जबकि कसौटी महायुद्ध हों, या कि अदालती मुकदमेबाज़ी या फिर (हर देश के) साहित्य में पिता-पुत्र संबंधों की अभिव्यक्ति, जितनी तल्ख-कड़वी और मारक टकराहटें वहाँ हमें अनादिकाल से पुरुषों के बीच में होती दीखती हैं, और किसी के बीच नहीं। फिर दो मनुष्यों के बीच का टकराव जितना उनके व्यक्तित्व पर निर्भर नहीं करता, उतना करता है उनकी स्थिति पर। जेलों के क़ैदियों के बीच, जंजीर से बँधे पालतू कुत्तों के बीच, मालिक के अनुशासन तले पशुवत् जीवन बिताते बँधुआ मजूरों के बीच भी परस्पर तीखी घृणा तथा हिंसा का प्रदर्शन आम है। उनके द्वेष दूसरे के प्रति आक्रोश से नहीं, खुद अपने प्रति, अपनी पराश्रयी हीन स्थिति के प्रति एक उत्कट आत्मघृणा से उपजते हैं। पराधीन जो भी होगा उसे चूँकि सपनेहुँ सुख नहीं मिलेगा, अतः वह दूसरे को भी सुख क्यों देना चाहेगा ? नारी को नारी से अलग करने भर से परिवारों में हिंसा और घृणा की प्रवृत्तियाँ नहीं मिटी हैं। मिटी हैं, तो स्त्रियों की पराधीनता घटाने से।"

"क्यों ?" लंबी बात का समापन करते इस बार मैंने मित्र से कहा।

उसका चेहरा कुछ तिरछा हुआ। उसने कहा, "यह तो तेरा औरतों को देवत्व प्रदान करने का हठ है।" फिर वह हँस पड़ा। "नहीं भाई, कुछ अंशों तक तेरी बात सही भी है।"

इस आंशिक सहमति के पठार पर मित्र-सभा विसर्जित हुई।

इस विचित्र, अनास्था की मारी दुनिया में अड़ियल सुधी-मित्रों की पूर्ण सहमति

या तो असंभव होती है या झूठी। इन मुद्दों पर आंशिक सहमति ही सन्देह से परे है।

ज़िक्र फिर चला था नारीवादियों के पुरुष-द्रोही होने का। मित्र तरंग में था। उसने मेरी नाक के नीचे परचम की तरह वह अख़बार लहराया जिसमें हाथ में तख़्तियाँ लिये महिलाओं का एक समूह राजस्थान का महिला विकास कार्यक्रम बंद किये जाने का गला खोलकर विरोध कर रहा था।

''देखो, देखो इनका हिंसक आक्रोश !'' वह बोला।

''नारीवादियों पर पुरुषद्रोह का अभियोग लगाते वक्त यह बात भला क्यों भुला दी जाती है,'' मैंने पलटकर मित्र से पूछा, ''कि अंतर्राष्ट्रीय और राष्ट्रीय दोनों ही क्षेत्रों में नारी संगठनों ने सामाजिक कुरीतियों, साम्प्रदायिकता, प्रतिगामी कठमुल्लेपन और भ्रष्टाचार का लगातार और मुखर विरोध करने में भी पुरुषों का साथ दिया है।''

गौर से देखने पर स्पष्ट होता था कि चित्र में मौज़ूद वे स्त्रियाँ राजस्थान की ग्रामीण 'साथिनों' के साथ सभी पिछड़े वर्गों को समान काम के अवसर, समान वेतन और पारिवारिक दायित्वों के प्रति सरकार को उसके उत्तरदायित्वों की याद दिला रही थीं। मैंने मित्र को याद कराया कि सही ढर्रे के नारीवादियों ने लगातार पारंपरिक तौर से कमज़ोर तबकों पर लादे गये अत्यधिक काम के बोझ और मर्दों पर पूरे परिवार के अकेले कमासुतपने का बोझा घटाने के प्रयास भी किये हैं। नारीवाद पुरुषों का नहीं उनकी मानवीयता घटाने वाले उस छद्म मुखौटे का प्रतिकार करता रहा है, जो मर्दानगी के नाम पर गढ़ा गया है, और जिसके पीछे झूठी अहम्मन्यता और उत्पीड़क प्रवृत्ति के अलावा कुछ नहीं।

''अहा,'' मित्र बोले, ''पर है तो यह उधार पर लिये सोच का पच्छिमी ढर्रा ही न। भारतीय स्वदेशी दर्शन तो नहीं।''

''जब लोकतांत्रिक ढाँचे समेत चिकित्सा-शास्त्र, साहित्य विज्ञान, प्रौद्योगिकी और कई अन्य क्षेत्रों में पश्चिम से हम बिना संकोच या शर्म के ज्ञान उगाहते आये हैं तो नारीवाद को लेकर अचानक यह दुरदुराहट का भाव क्यों ?'' मैंने पूछा, ''अगर हमारे देसी साहित्य और राजनीति के पास ऐसी कोई दृष्टि नहीं जो हमारे परिवारों के भीतरी सामंतवाद पर लागू हो, उसे भेद सके, तो बाहर ऐसी दृष्टि के मौज़ूद रहते हुए भी उसे अंगीकार न करना, नए की अनिवार्यता को स्वदेशी के नाम पर टालना नहीं है ?''

मित्र मेरी बातों को चना टूँगते हुए ध्यान से सुन रहा था। अकस्मात्, मुझे [illegible] कि मेरे स्वभाव से कितना भिन्न, कितना अथाहे मन वाला है यह। अच्छा, [illegible] रही हूँ उस पर यह क्या सोच रहा होगा इस क्षण ? जैसे उसने [illegible]ढ़ डाला हो, यूँ मित्र ने बोलना शुरू कर दिया, ''ठीक है, पश्चिम

से हमने लिया नारीवाद, माना कि ठीक लिया। लेकिन क्या तुम मानोगी नहीं, कि तुम्हारे कई तथाकथित नारीवाद के समर्थक सचमुच की हिंदोस्तानी नारी को अपने सोच के बीच नहीं रख पाये हैं। देसी सोच के पूरे इलाक़े में मध्यवर्ग के यह बुद्धिजीवी एन. आर. आई. (अनिवासी) इंडियंस हैं, जो टटके 'मार्क्स एंड स्पेंसर्स,' या 'लेवाई' के लेबल के कपड़े पहनकर भारतीय औरत को अचानक अपनी तर्ज़ से आधुनिक बनाना चाहते हैं। यह तो ठेके का नारीवाद हुआ भाइ कि तुमने 'यूनीफ़ेम' या कि 'आई. डी. आर. सी.' या विश्वबैंक से अनुदान लेकर नारी चेतना के विकास पर दिल्ली में टूँ टाँ करने वाली या एक अदद कार्यशाला बिठा दी। क्या औसत भारतीय औरतों के बीच ऐसे नारीवादी लोग प्रतिष्ठित होते हुए भी परकीय और विदेशी नहीं बने रहते ?''

मित्र की यह बात कड़वी होते हुए भी काफ़ी दूर तक सच है।

हमारे अधिकतर चर्चित शहरी नारी-संगठन ऐसे कई भद्र महिलाओं तथा पुरुषों से भरे पड़े हैं जिनके चर्चे देशी-विदेशी मीडिया में खूब होते हैं, पर जिनका जीवन या भाषा के स्तर पर बुनियादी भारतीय सचाई से सीधा और जीवंत नाता नहीं। लेकिन यह भी सच है (भले ही हम इसे न मानें) कि आज हमारे आर्थिक राजनैतिक और सांस्कृतिक मूल्यों में पुराने और नए के बीच सबसे अधिक भयावह घर्षण हमारे उन शहरों तथा महानगरों में ही हो रहा है, जहाँ बड़े परिवार टूटे हैं, नयी औद्योगिक संस्कृति तथा समृद्धि आये हैं, और हर वर्ग-जाति की औरतों के बीच साक्षरता और चेतना के साथ मुखरता का भी सदियों के बाद सहज विकास हुआ है। इसी से गाँवों की बजाय आज नारीवादी चेतना शहरों में अधिक दीखती है। और अंततः यह भी कुल मिलाकर एक सकारात्मक बात है। जिन औरतों—जैसे इला भट्ट, मेधा पाटकर या भँवरी बाई, ने कई सार्थक चुनौतियाँ श्रम-संगठन, विकास योजनाओं तथा सामाजिक कुरीतियों जैसे मुद्दों पर राज और समाज के आगे रखी हैं। उनका शहर-गाँव दोनों से सार्थक रिश्ता है। परिवारों के भीतर बहुओं-बेटियों के खिलाफ़ हिंसा, कार्यक्षेत्र में स्त्रियों के आर्थिक तथा यौन शोषण और राजनीति में लगातार उनके हाशिए पर धकेले जाने के खिलाफ़ उन्होंने दोनों जगह चेतना जगाई है। स्त्री-प्रताड़ना के नई तरह के अधिकाधिक उदाहरण आज हमारी शहरी सभ्यता में दीखते हैं, गाँवों में नहीं। इसलिए इन्हें औरतों द्वारा वहीं अधिक ठोस और तात्कालिक चुनौती दिया जाना स्वाभाविक बनता है। पर गाँवों में महिला-संगठन नहीं हैं, ऐसा भी नहीं।—मीडिया में कुछ कम दृष्टिगोचर होते हुए भी ऐसे कई ग़ैर-सरकारी गुट वहाँ साक्षरता, स्वास्थ्य और कार्यगत प्रशिक्षण के क्षेत्रों में खासा ठोस काम कर रहे हैं।

राजस्थान जैसे पिछड़े राज्य समेत हाल के पंचायती राज [illegible]
और अर्द्धशहरी क्षेत्रों में लाखों महिलाओं का चुना जाना एक ऐस[illegible]

क्रांति की शुरुआत है, जिसकी ज़मीन आज से दस वर्ष पहले से महिला विकास इदारा जैसे कार्यक्रम करते रहे हैं।—वैसे भी यह उम्मीद करना कि गाँवों में चेतना की ज्योति-मशाल हमेशा शहरी हाथ ले जाएँगे, गाँवों के समाज की अपनी भीतरी क्षमता और ताक़त को बहुत कम करके आँकना है। "—क्यों ?"

मेरे मित्र अर्से से राजधानी में रह रहे हैं। जाने-माने प्रतिष्ठित लेखक हैं। कड़वी, क्रोधी और टेढ़ी टिप्पणियों के लिए चर्चित होते रहते हैं। लेकिन उनको ठीक से जाननेवाले जानते हैं कि इस चुभनभरे नारियली जटाजूट के भीतर कितनी मिठास और तरलता है। कुछ मित्रों की राय है कि उनका यह कड़वा माया कंचुक उनके एकाकी जीवन से निकला है। वे परिवार-बच्चों वाले होते तो शायद ऐसे न होते। मुझे लगता है, कि यह सही नहीं। शायद तब भी वे ऐसे ही होते क्योंकि हमारे समय में कई बार एक ईमानदार मर्म की ऊष्मा और तरलता को भाप बनकर उड़ने से बचाने को उसे खुरदुरे कम्बल में लपेटना ही पड़ता है।

मैंने मित्र को कुछ निरुत्तर पाकर एक पुराने मित्र की सहज क्रूरता से कहा, 'जीवंत परिवार या समाज का तुम्हारे पास वैसा जीवंत अनुभव नहीं जैसा तुमसे आधी बुद्धि और संवेदना वाले ठोस गृहस्थ का होता है। तुम परिवार का नार्मल खाका कहीं आज भी वही मानकर चल रहे हो जो तुम्हारे लकड़दादा के वक्तों में था, यानी कि घरनी निरंतर घर में रहे। भीतरी क्षेत्र उसका बाहरी गृहस्वामी का। घरनी घर से निकली, कि घर उजड़ा। और हाँ, यह भी ग़लत है कि कामकाजी औरत की बात करने पर तुम्हारे जहन में मेरी या अपने जैसी मध्यवर्गीय कामकाजी मनुष्य की छवि ही आती है। सचाई तो यह है कि हमारी कामगार औरतों का बमुश्किल दस फ़ीसदी हिस्सा संगठित क्षेत्र में है। और देश की कामकाजी स्त्रियों में से लगभग 90 फ़ीसदी स्त्रियाँ ऐसी हैं, जिनके काम किये बिना उनके परिवार नहीं पल सकते। शेष 10 प्रतिशत भी, जो संगठित क्षेत्र में अपेक्षया अधिक सुरक्षित अधिक वेतनमान वाली नौकरियों पर काम कर रही हैं, प्रायः उस कार्यक्षेत्र की सबसे निचली सीढ़ी पर ही खड़ी हैं। अलबत्ता यह बात जानते हुए भी लोगबाग मानते नहीं, कि शोध के अनुसार और जनगणना आँकड़ों के अनुसार इस वर्ग में महिला-साक्षरता शतप्रतिशत है, परिवारों का आकार संतुलित और परिसीमित तथा बच्चों का औसत स्कूली रिकार्ड राष्ट्रीय औसत से कहीं ऊँचा है।

"दरअसल नारीवाद के भीतर नारी के गुणों या गरिमा को लेकर खुद तुम्हारे भीतर भी जो आदरभाव है, वह उसके जीवंत ही नहीं सुषुप्त सामर्थ्य की संभावनाओं से भी जुड़ा है। यह सच है, कि नारी ही नहीं, किसी भी दबे हुए [illegible] की पूरी सामर्थ्य एक साथ नहीं बल्कि क्रमशः ही जागती है। और इस लंबी

प्रक्रिया के दौरान उस वर्ग के बीच कई तरह की कमजोरियाँ, व्यवहारगत दोष और सीमाएँ प्रकट होते रहते हैं। उनको नकारा नहीं जा सकता, लेकिन यह मान बैठना भी सांघातिक होगा कि वह वर्ग उन कमज़ोरियों और दोषों के अलावा कुछ नहीं। इसलिए बेहतर हो कि नारीवाद की प्रशंसा या आलोचना करते वक्त अपन लोग इन निहायत मानवीय त्रुटियों के परिमार्जन के लिए एक चौड़ी जगह हाशिए पर छोड़ दें।

"और दरअसल यही हाशिया है, जहाँ मेरी जैसी औरतें और तुम्हारे जैसे लिक्खाड़ अपने सबसे ज़रूरी नोट्स और चेतावनियाँ दर्ज़ करती चलते हैं। क्या मैं ग़लत कह रही हूँ ?" मैंने पूछा।

"तुम औरतों से बहस में जीतना कठिन है।"—मेरे मित्र ने कहा। पर उसके खुरदुरे चेहरे पर आंशिक सहमति की एक साझा हँसी भी थी।

—मृणाल पाण्डे

अनुक्रम

मन न रँगाए, रँगाए जोगी कपड़ा

पुरी के शंकराचार्य स्वामी निश्चलानंद ने एक सार्वजनिक सभा में स्त्रियों द्वारा वेदपाठ को अनुचित घोषित कर अपने आश्चर्यजनक रूप से प्रतिगामी और संकीर्ण विचारों का परिचय दिया है। साथ ही हर संकीर्ण और प्रतिगामी विचारों के ध्वजवाहक की तरह वे यह कहने से भी नहीं चूके हैं, कि उनके मन में वैसे स्त्रियों के प्रति कोई दुर्भावना वगैरह नहीं। वे तो माताएँ हैं, अतः उनके आदर की पात्रा हैं, लेकिन वेदपाठ का अधिकार उन्हें कतई नहीं।

किस्सा मुख़्तसर कुछ यूँ है। कलकत्ता विश्वविद्यालय के परिसर में आयोजित एक उत्सव का शुभारंभ सुश्री अरुंधती राय चौधरी द्वारा वैदिक ऋचाओं के सस्वर पाठ के साथ होना था। जब यह भद्र महिला पाठ के लिए उद्यत हुईं, तो उस आयोजन के विशिष्ट अतिथि पुरी के शंकराचार्य ने तुरंत आगबबूला हो एक दूत भेजकर प्रतिवाद किया और कहा कि यदि उनकी उपस्थिति में एक स्त्री वैदिक ऋचाओं का पाठ करती है, तो वे उठकर चले जाएँगे। लिहाजा आयोजकों ने सुश्री राय चौधरी को पाठ न करने को कहा और वे अपने को बेहद अपमानित महसूस करती हुई स्टेज से वापस लौटने को बाध्य हुईं।

कलकत्ता जैसी बौद्धिक रूप से प्रखर नगरी में इस घटना के बाद स्वाभाविक था, कि सभी संवेदनशील और सुशिक्षित जन उद्वेलित हो उठते, वे हुए भी और एकाधिक जागरूक महिला संगठनों तथा अख़बारों ने इस स्त्री तथा उदारताविरोधी कठमुल्लेपन पर तीखी प्रतिक्रिया व्यक्त की है।

यह संभव नहीं कि पुरी के शंकराचार्य इस बात से अनजान हों कि अपने यहाँ मंत्रदृष्टा स्त्री-पुरुष दोनों के ही लिए ऋषि शब्द का प्रयोग सूक्तों के शीर्षक पर किया जाता रहा है। ऋषि रूप व्याकरण की दृष्टि से भले ही पुल्लिंग हो, परंतु 'अस्य सूक्तस्य वाग् ऋषिः', जैसी घोषणाओं में स्त्री-लिंगात्मक वाग् से जुड़ कर यह शब्द स्वतः मंत्रदृष्टा स्त्री का द्योतक बन जाता है। ज्ञान के क्षेत्र में

पूर्ण समता की अधिकारिणी इन स्त्रियों ने वैदिक ऋचाओं की ही नहीं, नक्षत्रगणना से लेकर गणित के दुरूह सूत्रों तक की रचना की है। तब फिर निश्चलानंद जी द्वारा यह स्थापना देना कि स्त्रियों को वेद पढ़ने का अधिकार ही नहीं है, क्या परंपरा, लोकाचार और तर्क सभी का उपहास करना नहीं ? खेद की बात है, कि ऐसा कुतर्की दुराग्रह उन आदि-शंकराचार्य द्वारा स्थापित एक पीठ के अधिपति की तरफ़ से आया है, जिन्होंने लकीर पीटने वालों की ठस हठधर्मी कूपमंडूकता से हिंदू-धर्म का उद्धार किया था और खुद अपने जीवन तथा रचनाओं में स्त्रियों की शक्ति, क्षमता तथा बौद्धिक ऊर्जा के प्रति भरपूर सम्मान व्यक्त किया।

अगले दिन एक पत्रकार गोष्ठी में पुरी के शंकराचार्य पुनरुवाच, कि उनकी राय में स्त्रियों को वेदपाठ इसलिए नहीं करना चाहिए, क्योंकि वेद-पाठ करने वाले के लिए यज्ञोपवीत धारण करना ज़रूरी है, और यज्ञोपवीत धारण करने के लिए पहले उसे बटुक वेश धर एक वस्त्र पहनकर भीख माँगना ज़रूरी है। अब वे चूँकि स्त्रियों की गरिमा की इज्ज़त करते हैं, अतः वे उन्हें एकवस्त्रा होकर भीख माँगते नहीं देखना चाहेंगे। क्या ही अद्भुत तर्क है !

लगता है कि कलकत्ता की सड़कों पर अपनी राजसी कार में गुज़रते हुए शंकराचार्य जी अपने दिव्य चक्षु निमीलित रखे हुए थे, जो उन्हें वहाँ पर गोद में अधमरे बच्चे टाँगे एकवस्त्रा गृहहीन, तिरस्कृता सैकड़ों महिलाओं की भीड़ यत्र-तत्र भीख माँगती नहीं दिखी। स्त्रियों की हित-चिंता पर उनका रिकार्ड ख़ास उजला भी नहीं। हमें तो याद नहीं पड़ता कि अयोध्या में राममंदिर बनाने के प्रबल समर्थक यही पुरी शंकराचार्य, कभी भी बँधुआ मज़दूरनियों, वेश्याओं अथवा भिखारिनों के कष्टों से द्रवित हो कह उठे हों, कि सबसे पहले इन सर्वहारा माताओं के सर पर छत और इनके लिए भोजन-शिक्षा का प्रबंध किया जाना चाहिए।

वे ही क्यों ? हिंदू धर्म और इस्लाम के ध्वजवाहक, झंडाबरदार बने हुए सैकड़ों उन जैसे लोग हैं जो आज सुश्री रायचौधरी जैसी भद्र सुशिक्षित स्त्री का वेदपाठ सुन अथवा शबाना आजमी द्वारा एक सुप्रसिद्ध जननेता के प्रति सहज प्रेम की अभिव्यक्ति देखकर पछाड़े खाने लगते हैं कि हाय ! हमारा धर्म या दीन ख़तरे में पड़ गया। मंदिर अथवा मस्जिद बनाने के लिए सिर काटने-कटाने को तत्पर इन नरश्रेष्ठों में से कितने लोग ऐसे हैं, जिन्हें दिल्ली, मुंबई या कलकत्ता सरीखी महानगरियों में गली-गली तिलचट्टों की तरह मरने वाली सैकड़ों ग़रीब औरतों और उनके अबोध बच्चों की सेवा के लिए आश्रय

स्थली बनाने या चार पैसा जुटाने का ख़्याल आया हो ? उधर यूरोप के सुदूर पूर्वी छोर से बरसों पहले भारत आई बार्धक्य भार नमिता वह संत, मदर-टेरेसा हैं जो बरसों से जात-पाँत के भेदभाव बिना, कोढ़ियों से लेकर मरणासन्न भिखमंगों तक को मनुष्य की तरह गरिमा से जीने-मरने के दो पल थमा देने की मुहिम में चुपचाप जुटी हुई हैं। क्या कभी उनकी ओर से आज तक इस प्रकार का कोई घटिया फतवा आया है ? शबाना आजमी करोड़ों अश्वेतों के महान नेता वृद्ध नेल्सन मंडेला को स्नेह और आदर से चूम लें, या एक अरुंधती रायचौधरी अपने मधुर कण्ठ से पवित्र ऋचाओं के पाठ से वातावरण को पवित्र करें, तो कठमुल्लों और धर्माधिकारियों के पारे चढ़ने लगते हैं। लेकिन सैकड़ों कनीजाएँ, अमीनाएँ बूढ़े शेखों के हाथ भेड़-बकरियों की तरह बिकती रहें, या भँवरीबाई जैसी समाजसेवी साथिनों के साथ सामूहिक बलात्कार होते रहे, वे मुँह में दही जमाए बैठे रहते हैं। यह मौक़ापरस्त चुप्पी क्या एक भयंकर अपराध नहीं ? कौरवों की सभा में विद्वत्ता और नीति के प्रतीक भीष्म ने द्रौपदी का अपमान देखकर जो चुप्पी साधी थी, उसके लिए पाँच हज़ार बरस बीतने पर भी आज तक इतिहास ने उन्हें माफ़ नहीं किया। वह भले ही कहते रहे–'अत्रापि उदाहरन्ती मितिहासं पुरातनम्' पर इतिहास-पुराण की दुहाई के बावजूद न तो कृष्ण-बलराम और न ही परशुराम की तरह उन्हें अवतारों में गिना गया और न ही उनके वंशधरों ने आपस में न लड़ने का उनका आग्रह माना।

नारी गरिमा की हानि के अलावा दूसरा तर्क स्त्रियों के वेदपाठ के खिलाफ़ पुरी शंकराचार्य ने यह दिया, कि मुसलमान महिलाएँ भी तो मस्जिद में कुरान नहीं पढ़तीं फिर हमारी आर्य ललनाएँ वेदपाठ क्यों करें ? वे कहते हैं कि हर संप्रदाय के अपने उसूल होते हैं, हम भी अपने उसूलों का ही अनुसरण करेंगे। अपने ब्रह्मचर्य के उसूलों से भीष्म जबरन ऐसे ही चिपटे रहे थे, और उधर अपने निर्वीर्य भाइयों के लिए उनके द्वारा बलात् लाई गई एक कन्या क्रुद्ध होकर जल मरी। जनहित तथा करुणा की अपेक्षा भीषण प्रण को जो चुनेगा, उसे अन्त में उस प्रकरण की शिखण्डी ओट में प्रश्नों की शरशैया ही मिलेगी, और उसके अपने बिगड़ैल स्वसंबंधी भी उसी की आँखों के आगे उसूलों को तार-तार कर फेंक देंगे। महाभारत का एक गूढ़ संदेश यह भी है।

घटना के अगले दिन मंगलवार को जब प्रगतिशील महिला समिति संस्था की सदस्याओं ने दक्षिण कलकत्ता के जिस आवास में पुरी शंकराचार्य ठहरे थे, उसके बाहर धरना दिया, और पूछा कि क्या उन्हें नहीं लगता कि उन्होंने ऐसी बेतुकी बातें कहकर महिलाओं का अपमान किया है ? तो समाचार पत्रों के अनुसार महिला-गरिमा के स्वघोषित रक्षक पुरी शंकराचार्य की प्रतिक्रिया

थी--'निकालो इन कम्बख़्तों को।' किताबी शिष्टाचार की परतें उघड़ते विलम्ब नहीं हुआ।

ऐसे ही अविवेकी अशिष्ट आचरण का परिचय दिया था उग्रतेजा कौशिक नाम के ब्राह्मण ने, जब उसने वृक्ष तले मंत्रपाठ करते हुए विघ्न पड़ने पर एक मादा पक्षी को भस्म ही कर डाला। आगे जब यही कौशिक महोदय भिक्षा मिलने में देरी होने पर एक अन्य गृहस्थिन महिला को जलाने को तत्पर हुए, तो उसने पलटकर कहा कि मैं तो पहले अपना धर्म निभाऊँगी, फिर तुम्हारा। मैं वह बगुली नहीं जिसे तुम्हारा रोष जला कर राख कर दे। तुम तो धर्म का तत्त्व ही नहीं समझे हो। जाओ, मिथिला में मांस बेचने वाले उस व्याध से धर्म के अर्थ पूछो, जो तुमसे कहीं बड़ा धर्मात्मा और संत है। काषाय वस्त्र पहनकर ही कोई धार्मिक गुरु नहीं बन जाता।

वार खाली जाते देख ब्राह्मण सन्नाटे में आ गया। धर्मव्याध के पास गया तो आतिथ्य सत्कार के बाद ग़रीब, अशिक्षित, दलित जाति के इसी वधिक ने पथभ्रष्ट मुनि महोदय को सच्चे धर्म की दीक्षा दी, और अंत में जो कहा, वह शायद आज भी पुरी शंकराचार्य जैसों के द्वारा मनन करने योग्य है, ''सब लोग जब प्रेम से स्वकर्म करें तभी लोकव्यवहार सुरक्षित रहता है। धर्म के रूप में कितने ही अधर्म घास-फूस से ढके कुँओं के समान लोक में फैले हैं। वे धर्म के नाम पर इंद्रिय-दमन और पवित्रता का प्रलाप तो करते हैं, पर शिष्टाचार से शून्य हैं।'' सच्चा धर्म क्या है ? इस पर व्याध ने गृहत्यागी कौशिक को तपोबल द्वारा दिखाया कि कैसे उसकी पत्नी अकेले ही उसके बूढ़े माता-पिता की देखभाल कर रही थी--और कहा, ''हे विप्र, सूक्ष्म धर्म, मोक्ष धर्म बहुत सुन चुके, अब प्रत्यक्ष धर्म देखो। इंद्रादिक देव, चारों वेद और यज्ञ मेरे लिए वे बूढ़े माता-पिता और स्वजन हैं, जिनको बताये बिना तुमने घर छोड़ दिया ! जाओ, पहले लौट कर उनकी सेवा करो।'' और नारद तथा उद्धव की तरह कौशिक भी सिर झुकाए चुपचाप जनसेवा के कर्मक्षेत्र की ओर चल दिये थे।

पुरी-शंकराचार्य से भी हम उस महिला तथा वधिक की तरह यही कहेंगी कि हे विप्रवर, स्त्री-उत्थान के जगन्नाथ-रथ को रोकने का प्रयास करने की बजाय जाइए अन्यत्र नहीं तो स्वयं अपने प्रांत के करोड़ों भूख और गरीबी से छटपटाते जनों के कष्ट निवारण और सेवा में जुटिए ! यही धर्म है।

ग़रीबी का महिलाकरण

कर्नाटक के कन्नौर ज़िले की 58 वर्षीया विधवा सुब्बलक्ष्मी अगरबत्ती बनाती है। उसके दूरदराज के गाँव में एक ठेकेदार हर सप्ताह आकर उसे तथा उसकी जैसी कई और महिलाओं को अगरबत्ती बनाने का कच्चा माल—यानी तीलियाँ तथा पिसा मसाला दे जाता है और बनी-बनाई अगरबत्तियाँ ले जाता है। प्रति एक हज़ार अगरबत्ती सुब्बलक्ष्मी मेहनताना पाती है—लगभग ढाई रुपया। क़ानून द्वारा निर्धारित न्यूनतम मेहनताना साढ़े दस रुपया बनता है। अपनी युवावस्था में सुब्बलक्ष्मी रोज़ लगभग छह हज़ार अगरबत्तियाँ बना लेती थी। उम्र के साथ कार्यक्षमता घट जाने से, अब वह तीन हज़ार अगरबत्तियाँ ही प्रतिदिन बना पाती है। लिहाज़ा उसकी दैनिक आमदनी छह से नौ रुपये तक ही रह गई है। जबकि सेठ अपनी फैक्टरी का ठप्पा लगाकर ऐसी 25 अगरबत्तियों का पैकेट साढ़े चार रुपये में बेचता है।

मध्य प्रदेश के कलमाड़ी गाँव (बिलासपुर ज़िला) में अनु. जनजाति की सुखीबाई जैसी कई औरतें बाँस की टोकरियाँ बनाती हैं। यह उनके परिवारों का परंपरागत पेशा है। पहले वे ये टोकरियाँ खुद ही ग्राहकों को बेच सकती थीं, लेकिन अब नए क़ानूनों के तहत बांस जंगलात की प्रतिबंधित संपदा है। लिहाज़ा वे चोरी-छिपे बांस लाकर उसकी टोकरियाँ तथा झाड़ू बनाती हैं। उन्हें वे दलाल (कोचिया) को पाँच रुपए नग (टोकरी) तथा तीन रुपए नग (झाड़ू) के हिसाब से बेच देती हैं। दलाल बाज़ार में इन्हें क्रमशः दस तथा छह रुपए में बेचता है, यद्यपि उसकी न तो अपनी मेहनत इनमें लगी है, और न ही उसने कोई जोखिम उठाकर बाँस चुराये थे।

अहमदाबाद की शांताबेन का पति कपड़ा मिल में मजूर था। मिल बंद होने से नियमित आमदनी जाती रही। चार छोटे बच्चों समेत भूखों मरने की नौबत आ चली। आजकल शांताबेन ने निर्यात के लिए दवाइयाँ डिब्बों में पैक करने का अनियमित काम पकड़ रखा है। तीन घंटों में वह सौ डिब्बे पैक करती है, जिसका उसे पाँच रुपये मेहनताना मिलता है। फार्मासुटिकल कंपनी, जिसकी

दवाइयाँ वह पैक करती है—फ़ी पैक 18 रुपया बनाती है।

सुब्बलक्ष्मी, सुखीबाई और शांताबेन यह तीन चेहरे हैं, उस निपट ग़रीबीग्रस्त असंगठित क्षेत्र के, जिसके लगातार बढ़ते दायरे में हमारे अधिकाधिक कामगार कैद होते जा रहे हैं। दूसरी मार्के की बात यह है कि यह तबका हमारे उद्योग तंत्र का सबसे बड़ा हिस्सा होते हुए भी आज राष्ट्र की आँखों से लगभग ओझल है। क्योंकि, एक तो इसके तकरीबन अस्सी प्रतिशत कामगारों में अधिकतर स्त्रियाँ हैं, दूसरे वे फैक्टरियों, मिलों या सार्वजनिक क्षेत्रों में कार्यरत नहीं हैं। वे अपने जीर्ण-शीर्ण घरों-झुग्गियों के भीतर बैठकर कताई, बुनाई, रँगाई, छपाई, कुटाई-पिसाई अथवा पैकेजिंग जैसे धंधों द्वारा बहुत नगण्य-सी मजूरी पर ही संतोष करने को वाध्य हैं। एतदर्थ सरकारी बहियों में वे 'गृहिणी' के खाते में डाल दी गयी हैं, कामगारों की कोटि में नहीं गिनी जातीं।

यह एक हृदयविदारक सचाई है कि पूँजी के अंतर्राष्ट्रीयकरण और संगठित क्षेत्र के निजीकरण के फलस्वरूप गत तीन सालों में एक ओर तो यूनियनों की सरकार से टकराहटें बढ़ी हैं, दूसरी ओर हमारे लाखों कामगार उद्योगों के संगठित क्षेत्र से बाहर कर दिये गये हैं और अब वे अपनी रोज़ी-रोटी असंगठित क्षेत्र में कोई भी काम पकड़ कर चलाने का बाध्य हैं। और भू. पू. सो. संघ टूटने के बाद ऐसा भारत में ही नहीं यूरोप तथा एशिया के कई देशों में भी हो रहा है। संगठित कामगारों पर तो यह आरोप लगाया जा रहा है कि अपनी यूनियनों के बूते पर उन्होंने नाजायज दबाव डालकर आर्थिक उदारीकरण की रफ़्तार को धीमा बना दिया है। दूसरी ओर असंगठित क्षेत्र के कामगारों को जिनमें बाल मज़दूर भी शामिल हैं, शोषित और प्रताड़ित मानकर उनकी सुरक्षा के लिए विशेष क़दम उठाने की माँग भी ज़ोर पकड़ रही है। उदारीकरण से पहले हमारे कामगारों की कुल फ़ौज का लगभग 89 प्रतिशत हिस्सा असंगठित क्षेत्र में था, आज इसका प्रतिशत कुल का 93 फ़ीसदी तक आ गया है। यह एक ख़ासी चिंताजनक और विस्फोटक स्थिति है क्योंकि इसका सीधा मतलब यह बनता है कि देश के कुल कामगारों में से मात्र सात प्रतिशत ही उदारीकरण तथा निजीकरण से लाभान्वित होंगे। शेष तक न तो कोई लाभांश पहुँचेगा और न ही श्रमकानूनों की छतरी की छाँह।

अंतर्राष्ट्रीय श्रम संगठन—आई. एल. ओ. की परिभाषा के अनुसार ऐसे घरेलू काम-धंधों (होमवर्क) की सीधी परिभाषा है; औपचारिक क्षेत्र के परे प्रायः घर के भीतर भुगतान के आधार पर सामान का उत्पादन अथवा ऐसी सेवाओं को मुहैया कराना, जिनका लाभ घर के भीतर खपने की बजाय किसी ठेकेदार

अथवा मालिक को मिलता हो। स्पष्ट है कि इस तरह के घरेलू काम-धंधों की बुनियाद में भी संगठित क्षेत्र की ही तरह एक मालिक तथा वेतनभोगी कर्मचारी का ठोस रिश्ता तो होता है, पर कार्यक्षेत्र में मालिक की सतत मौजूदगी प्रायः नहीं होती। साथ ही ऐसे कामगार चूँकि घर के भीतर काम करते हैं, वे संगठित नहीं हो पाते। जाहिर है कि कानूनी तौर से यह उनकी दशा को एक खासी पेचीदा स्थिति में डाल देता है। असंगठित क्षेत्र के बढ़ने की कई वजहें हैं। एक तो यहाँ कामगार को चोट-चपेट लगने पर अथवा काम के दौरान आग तथा विस्फोट से कामगार की संपत्ति का नुकसान होने पर, मालिक बड़े मज़े से सज़ा पाने या समुचित मुआवज़ा देने के क़ानूनी उत्तरदायित्व से अपना दामन बचाकर निकल सकता है। दूसरे इस क्षेत्र की सस्ती मजूरी के बूते वह अपना माल प्रतिस्पर्धी निर्माताओं से कहीं कम भाव पर बेचकर मुनाफ़ा भी कमा सकता है। अतः आज कई उद्योगों ने अपनी यूनिटें बंद करके पैकेजिंग, प्रसंस्करण जैसे काम इस तबके द्वारा दिहाड़ी पर कराने शुरू कर दिये हैं। इनमें भारतीय उद्योगपति भी हैं तथा बहुराष्ट्रीय कंपनियाँ भी।

घर बैठे काम करने वाले कामगारों को मोटे तौर से दो वर्गों में बाँटा जा सकता है—प्रथम श्रेणी में वे 'पीस-रेट' कामगार आते हैं, जिन्हें ठेकेदार या मालिक कच्चा माल उपलब्ध कराता है, और फिर गिनकर फ़ी-नग के हिसाब से तैयार माल पर मजूरी देता है, जैसे कि अगरबत्ती, पापड़, दियासलाई, पटाखा आदि उद्योग। दूसरी श्रेणी में वे कामगार आते हैं जो कच्चा माल खुद ही ख़रीदकर या जमा करके सामग्री बनाते हैं, फिर उसे फ़ी-नग के हिसाब से बेचते हैं, जैसे—बाँस की लकड़ी का काम करने वाले, गाड़िया लुहार, कंडे, दोना-पत्तल बनाने वाले आदि। ग्रामीण क्षेत्रों में प्रायः एक ही मज़दूर दोनों श्रेणियों में बारी-बारी से काम करता रहता है, क्योंकि दोनों ही प्रकार के काम अनियतकालीन तथा अनियमित मज़दूरी वाले हैं। मसलन मौसम के अनुसार अलग-अलग सीजन में शहद या जंगली बूटियाँ इकट्ठा करके बेचना, छप्पर की छवाई; कुटाई-पिसाई करना; अकाल, बाढ़ में रिलीफ़ वर्क का हाँका लगने पर सरकारी निर्माण कार्य करना आदि। पर शहर हो या गाँव, दो बातें हर कहीं इस तबके में एक समान हैं—पहला कार्यगत असुरक्षा, दूसरा स्त्रियों की बहुतायत।

भारत में इस तबके की जीर्ण-शीर्ण और अन्यायपूर्ण दुर्दशा की ओर देश का ध्यान सबसे पहले अहमदाबाद की स्वाश्रयी कामगार महिला संस्था 'सेवा' ने खींचा। उसने पहले बुनकरों, कपड़ा उद्योग, बीड़ी तथा बाँस उद्योग में लगी इस

क्षेत्र की लाखों स्त्रियों के सहकारी संगठन स्थापित किये और उनके लिए एक सहकारी 'सेवा' बैंक की स्थापना भी की। आज इस संस्था की शाखाएँ देश के कई राज्यों में हैं और मात्र गुजरात में इसकी 53,507 सदस्याएँ घरेलू उद्योगों में कार्यरत हैं। 1986 में अहमदाबाद में पहले-पहल अंतर्राष्ट्रीय श्रम आयोग, सेवा तथा गांधी श्रम संस्थान के संयुक्त तत्त्वावधान में घरेलू कामगारों की स्थिति पर विचार के लिए एक कार्यशाला का आयोजन किया गया। फिर 1988 में आई 'श्रमशक्ति' राष्ट्रीय-रपट, जिसकी मार्फ़त इस उपेक्षित वर्ग की सही शक्ल, आकार और उसकी समस्याएँ राष्ट्र के सामने पहली बार साक्ष्य समेत प्रस्तुत की गईं। इसी वर्ष श्रम शक्ति आयोग की अध्यक्षा सांसद सुश्री इला भट्ट ने राज्यसभा में निजी सदस्य की हैसियत से 'होमबेस्ड वर्कर्स (प्रोटेक्शन एंड वैलफेयर) विधेयक रखा। तत्कालीन श्रममंत्री श्री संगमा ने उस वक्त सदन को आश्वासन दिया था कि उनका मंत्रालय असंगठित महिला कामगारों के हित से जुड़े इस मुद्दे को सरकारी तौर पर उठायेगा और एक सरकारी विधेयक संसद में शीघ्र प्रस्तुत किया जायेगा। पर तब से अब तक नाना कारणों से यह मामला अधर में ही टँगा है।

विगत 27 तथा 28 जुलाई को दिल्ली में आयोजित एक कार्यशाला में महिला संगठनों द्वारा यह वायदा याद दिलाये जाने पर उन्होंने ससंकोच स्वीकार किया कि बतौर श्रममंत्री उनका सारा समय संगठित क्षेत्र की समस्याओं के समाधान में ही बीत जाता है, यद्यपि वे इस वृहत्तर असंगठित क्षेत्र की समस्याओं की गंभीरता से अनजान नहीं हैं। उन्होंने यह भी स्वीकार किया कि राष्ट्रीय स्तर पर इस वर्ग के बारे में जो आँकड़े उपलब्ध हैं, वे अपर्याप्त तथा अविश्वसनीय हैं। अतः पहली ज़रूरत है कि इस क्षेत्र का वैज्ञानिक सर्वेक्षण हो और फिर तुरंत तय किया जाये कि इसकी समस्याओं का निराकरण कैसे हो ? क्योंकि नई अर्थव्यवस्था में इस क्षेत्र का सस्ते माल के लगातार उत्पादन में बहुत महत्त्व होगा।

दक्षिण-पूर्वी एशिया में फिलिपींस, थाईलैंड तथा इंडोनेशिया में 1988 से अंतर्राष्ट्रीय श्रम संगठन ने असंगठित घरेलू कामगारों के लिए कुछ विशेष बुनियादी योजनाओं का सूत्रपात किया था। वहाँ उनके सुफल दीखने लगे हैं। इसी तरह कनाडा, आस्ट्रेलिया और जापान जैसे देशों में भी इस क्षेत्र के कामगारों को संगठित करने तथा उनकी माँगों और कार्यक्षेत्र को सही शक्ल सामने लाने के क्षेत्र में स्तुत्य प्रयास जारी हैं, यद्यपि हर जगह ऐसे प्रयासों को शुरू में मालिकों के विरोध और सरकारी मशीनरी को निष्क्रियता से जूझना पड़ा।

90 के दशक में अंतर्राष्ट्रीय स्तर पर ऐसे कामगार संगठनों की कुछ कार्यशालाएँ मनीला, अहमदाबाद, मलंग (इंडोनेशिया) तथा वाशिंगटन में आयोजित हुईं, जिनमें अफ्रीका, एशिया, यूरोप, अमरीका तथा मध्यपूर्वी देशों के कामगार संगठनों के प्रतिनिधियों ने हिस्सा लिया। आगामी वर्ष अंतर्राष्ट्रीय श्रम संगठन के तत्त्वावधान में इन सब संगठनों की एक शीर्ष संस्था 'होमनेट' का एक सम्मेलन हो रहा है। महिला संगठनों को उम्मीद है कि इससे फैक्टरी, शॉप एंड इस्टैबलिशमेंट एक्ट जैसे क़ानूनों का अधिकार क्षेत्र अधिक चौड़ा और प्रभावी बनाया जा सकेगा, जिससे घर बैठे काम करने वाली मजूरिनें भी वे रियायतें तथा भत्ते पा सकेंगे, जो इस वक्त संगठित क्षेत्र में लगे केवल सात फ़ीसदी कामगारों को ही उपलब्ध हैं।

इसके साथ ही यह भी ज़रूरी है कि नई उद्योग पद्धतियों के साथ असंगठित क्षेत्र के कामगारों को कदम से कदम मिलाकर चलाने के लिए ऐसे कार्यक्रम बनें जिनके तहत कामगारों को कंप्यूटर, असेम्बली लाइन प्रणालियों तथा इलेक्ट्रोनिक मशीनों के बारे में लगातार प्रशिक्षण, जानकारी और मदद भी उपलब्ध रहे। आने वाले समय में अंतर्राष्ट्रीय उद्योग जगत की मशीन के सबसे महत्त्वपूर्ण कल-पुर्जे असंगठित क्षेत्र के यही कामगार होंगे। इसलिए इनकी सार-सँभाल और जतन के बिना भविष्य में चटपट तरक्की का कैसा ही बढ़िया ब्लू-प्रिंट क्यों न हो, वह अव्यावहारिक तथा अधूरा ही रहेगा।

महिला वोटर : जगना एक सुषुप्त वोट बैंक का

वर्ष 94 के अंत में गुजरे वर्ष के कई सचित्र लेखे-जोखे देखने में आये। अख़बारों में भी छोटे पर्दे पर भी। लगभग सभी में एक बात अकाट्य तौर से झलकती रही, कि भले ही भारतीय महिलाएँ ब्रह्माण्ड सुन्दरी तथा विश्व सुन्दरी का खिताब जीतकर राष्ट्रपति तथा प्रधानमंत्री से हाथ मिलाने लगी हों, लेकिन औसतन पूरे देश में महिलाओं के खिलाफ़ अत्याचार बढ़े हैं, तथा गरीबी और निरक्षरता की परिधि में आने वाली महिलाओं की तादाद में भी अब तक कोई उल्लेखनीय गिरावट नहीं आई है। हमारे लोकतंत्र में आज महिला-वोटरों की तादाद लगभग आधी है, लेकिन वे लोकतांत्रिक प्रणाली में अपनी जमात की कोई सार्थक पहचान नहीं बना पाई हैं। वर्षान्त में चार राज्यों में हुए विधानसभा चुनावों के लिए इस दफ़े भी सभी पार्टियों ने महिलाओं की लगभग अनदेखी करके पुरुष प्रत्याशी ही खड़े किये।

और जब उड़ीसा के मुख्यमंत्री बीजू पटनायक ने मार्च के विधानसभा चुनावों में जनतादल की ओर से राज्य में चालीस महिला उम्मीदवार खड़ी करने की और पतियों की सीट पत्नी को देने की क्रांतिकारी घोषणा की तो खुद उनकी पार्टी के पुरुष सदस्य ख़ासे खफ़ा हो गये। ख़ासकर वे, जिनकी पत्नियों की उम्मीदवारी से उनकी अपनी उम्मीदवारी बेदखल होने की संभावना बन गई है।

राजनैतिक दलों के भीतर पुरुषों से शुरू होकर उन्हीं पर ख़त्म होने का यह वरीयता क्रम तथा महिलाओं की उपेक्षा आज के नहीं हैं। 1991 के लोकसभा चुनावों के कुछ आँकड़े, जो हमें चुनाव आयोग से प्राप्त हुए, इसी क्षेत्र की अन्य गंभीर सचाइयाँ रेखांकित करते हैं। 1991 में पंजीकृत मतदाताओं में पुरुषों की तादाद दो करोड़ बासठ लाख तथा स्त्रियों की संख्या दो करोड़ छत्तीस लाख दर्ज की गई है। इसमें से मतदान करने वाले पुरुषों का राष्ट्रीय प्रतिशत 61 तथा स्त्रियों का 51 प्रतिशत पाया गया। इस चुनाव में कुल 8699 प्रत्याशी खड़े किये

गये, जिनमें से मात्र 325 महिलाएँ थीं। चुनाव में जीतने वाले पुरुषों की संख्या 482 तथा औरतों की 35 थी (चार महिलाएँ बाद को चुनी जाकर लोकसभा में आईं) अर्थ साफ़ है। मतदान करने वालों की तादाद की कसौटी पर औरतों और मर्दों के बीच ज़रूर हल्का-सा फ़र्क दीखता है लेकिन प्रत्याशी के रूप में चुनावों में खड़े होने वाले स्त्री-पुरुषों के अनुपात में ज़मीन-आसमान का अंतर नज़र आता है। जबकि महिलाएँ ज़्यादा हारती हों, ऐसा नहीं। चुने गये प्रत्याशियों का प्रतिशत देखें तो कुल खड़े प्रत्याशियों में जीतने वालों की तादाद जहाँ पुरुषों के खेमे में पाँच प्रतिशत के लगभग दीखती है, स्त्रियों में वह 10 प्रतिशत से ज़्यादा है।

यह ब्यौरे चुनाव-प्रक्रिया तथा मतदाताओं को लेकर हमारे यहाँ व्याप्त कई भ्रांतियों को हटाते हैं। यह सच है, कि पंजीकृत मतदाताओं में से औरतें उतनी बड़ी तादाद में वोट नहीं देतीं जितना कि पुरुष, लेकिन आज चुनावों के दौरान हिंसा का जो ताण्डव होता है तथा उनकी जमात की लोकतंत्र में सीधी भागीदारी तथा पार्टी स्तर पर उनकी हैसियत की जो दशा है, उसके चलते 51 फ़ीसदी औरतों द्वारा भी मतदान में भाग लेना कोई छोटी बात नहीं। यह भी स्मरणीय है कि जिस बार चुनावों में (जैसे इमर्जेंसी के बाद और श्रीमती इंदिरा गांधी की हत्या के बाद) महिलाओं को मतदान प्रक्रिया से अपने जीवन का सीधा रिश्ता महसूस हुआ, उसमें उन्होंने बड़ी तादाद में मतदान किया। यानी महिला मतदान का प्रतिशत बढ़ाने के लिए खुद महिला को खींच कर मतदान केंद्र तक लाने की ज़रूरत नहीं। ज़रूरत इस बात की है कि सभी पार्टियों द्वारा अपने द्वारा उठाये गये चुनावी मुद्दों, प्रचारकार्य तथा प्रत्याशी-चयन इन तीनों क्षेत्रों में महिलाओं के मन को सीधे प्रभावित तथा आकृष्ट करने के लिए अधिक महिलाओं को उसमें जोड़ा जाये और उनके लिए ज़रूरी वातावरण और संसाधनों का प्रबंध किया जाये। जब-जब यह हुआ है, इसका सीधा नतीजा सामने आया है। साफ़-सुथरे चुनावों और क्रांतिकारी राजनैतिक परिवर्तनों के रूप में।

हाल में दक्षिण के दो बड़े राज्यों—आंध्र प्रदेश तथा कर्नाटक में हुए विधानसभा चुनावों में ऐसे ही कुछ कारणों के चलते इस बार वहाँ महिला मतदाताओं ने भारी तादाद में भाग लिया। सबसे बड़ी वजह थी, कि कुछ दलों द्वारा उठाये गये चुनावी मुद्दों, जैसे—शराबबंदी, सस्ता चावल तथा पंचायती-राज में महिलाओं के लिए तीस फ़ीसदी तक आरक्षण से स्त्रियों को एक अरसे के बाद अपना भविष्य तथा वर्तमान सीधा जुड़ा हुआ नज़र आया। ज्ञातव्य है कि आंध्र प्रदेश में शहरी आबादी का 51 प्रतिशत तथा ग्रामीण आबादी का लगभग 63 प्रतिशत गरीबी रेखा के नीचे है। तथा हाल के महीनों में ग्रामीण तथा शहरी महिलाओं ने अरक की बिक्री के खिलाफ़ जमकर राज्य प्रशासन तथा शराब

माफ़िया से लोहा भी लिया था। अतः सस्ते राशन तथा शराबबंदी के मुद्दे का राजनीतिकरण उन्हें तुरंत मनोनुकूल लगा। लेकिन इन मुद्दों के पक्ष में दबाव बनाने के बावजूद प्रत्याशी चयन तथा चुनाव-प्रचार के बिंदु पर अल्पसंख्यकों, पिछड़ों, लिंगायतों या रेड्डियों की तरह एक सक्षम रूप से भावताव तथा जवाबतलबी कर सकने वाले वोट बैंक के रूप में महिला मतदाताओं का यह समूह इस बार भी अदृश्य तथा मूक ही बना रहा। यह कहा ज़रूर जा रहा है कि आंध्र प्रदेश में तेलुगुदेशम पार्टी की जीत वस्तुतः उन महिलाओं की जीत है जिन्होंने महँगाई तथा शराबखोरी की लत के खिलाफ़ मुखर आंदोलन छेड़कर ग़रीबों के लिए छूट तथा शराबबंदी के महत्त्व का पाठ तेदेपा को पढ़ाया, लेकिन खुद इस पार्टी के कार्यकारी ढाँचे, प्रत्याशी चयन या निर्वहन के ढर्रे से कहीं नहीं झलकता कि तेदेपा की इस 'जीत' से महिला मतदाताओं या खुद तेदेपा की महिला कार्यकर्ताओं का कोई सार्थक राजनैतिक वर्चस्व प्रदेश की राजनीति में बना है। हाथ में सलज्ज मुद्रा में टिफिन-कैरियर लेकर अपने नये-नवेले पति को खिलाने जाती हुई और सार्वजनिक सभाओं में आँचल से उनका पसीना सुखाती हुई एन. टी. आर. द्वारा अपनी भार्या लक्ष्मी-पार्वती की छवि जिस तरह बनाई और प्रचारित की जाती रही वह स्पष्ट दिखाती है कि नेतृत्व तथा पार्टी की दृष्टि में स्त्री की सही जगह क्या है। अचरज नहीं कि नवगठित प्रदेश केबिनेट में मात्र एक महिला को जगह दी गई है और पति को चुनाव जितवा कर पतिव्रता का रोल निभाती हुई पत्नी मन्नत पूरी करने को तीर्थाटन चल दीं। जैसे उसका अब कोई और काम नहीं।

लगभग ऐसी ही स्थिति कर्नाटक में भी नज़र आती है। कर्नाटक के 35 सदस्यीय देवगौड़ा मंत्रिमंडल के लिए जोरशोर से प्रचार तो किया जा रहा है कि उसमें राज्य की सभी प्रमुख जातियों तथा अल्पसंख्यक समुदायों को आनुपातिक प्रतिनिधित्व दिया गया है, लेकिन यहाँ भी महिलाओं की संख्या दो पर अटकी पड़ी है। ज्ञातव्य है कि इस बार के विधानसभा चुनावों में वहाँ महिलाएँ अभूतपूर्व तादाद में बतौर प्रत्याशी सामने आयीं। पर इन 113 महिला प्रत्याशियों में से कुल तेरह ही जीत सकीं और मंत्रिमंडल में आ पाईं मात्र दो। जबकि कर्नाटक में स्थानीय प्रशासन में मण्डल तथा जिला परिषद स्तर पर महिलाओं की चालीस प्रतिशत तक भागीदारी रही है। कुछ विघ्नसंतोषी इस पर पूछ सकते हैं कि सिर्फ़ सत्ता में बैठने भर से कोई महिला पूरी महिला जमात का कल्याण कैसे कर सकती है ? क्या बहुत करके वह भी अपने पुरुष सहकर्मियों की ही तरह अपने जातीय गुट की मार्फ़त भाई-भतीजा कल्याण पर ही ध्यान नहीं लगायेगी ? बात आज की तारीख़ में कुछ हद तक सही दीखती तो है लेकिन क्या इस तरह की अस्वस्थ परंपराएँ तभी नहीं हटेंगी जब पुराने न्यस्त स्वार्थी गुटों की जगह

महिलाओं तथा सभी पिछड़े वर्गों को उनकी तादाद और महत्त्व के अनुपात में प्रतिनिधित्व मिलेगा ? हमारे आगे पं. बंगाल, बिहार और उत्तर प्रदेश के उदाहरण हैं जहाँ सत्ता में अल्पसंख्यक वर्गों की भागीदारी शासन में बढ़ने से वहाँ सांप्रदायिक दंगे लगभग बंद हो गये हैं। अतः बहुत संभव है, कि महिलाओं की भागीदारी बढ़ने से दकियानूस परम्परा-पोषण, महिला विरोधी हिंसा और भ्रष्टाचार में भी ऐसी ही गिरावट आये और प्रशासन भी स्त्रियों की दिक्कतों के प्रति अधिक संवेदनशील बन जाये। कई बार जब कुएँ में भाँग पड़ी हुई हो, तो पूरे कुएँ का पानी उलीचकर उसे नये सिरे से भरने देना ही बेहतर होता है।

बहरहाल आज हमारे राजनैतिक दलों के चाहते न चाहते भी समय का चक्र बड़ी तेज़ी से घूम रहा है। हाल के चुनावों में चुनाव आयोग ने जिस कड़ाई से सभी राजनैतिक दलों को चुनावी आचरण संहिता को बरतने पर मजबूर किया। उसके कुछ सकारात्मक नतीजे भी सामने आने लगे हैं। मसलन कर्नाटक तथा आंध्र प्रदेश दोनों ही जगह जिस तरह अभूतपूर्व तादाद में मतदाता अपना वोट डालने गये उसके पीछे एक बड़ी वज़ह थी–इस बार प्रांत में उन तमाम डराने-धमकाने तथा अश्लील क़िस्म के प्रचारात्मक हथकण्डों का चुनावी परिदृश्य से तिरोभाव होना जिनसे त्रस्त दलित तथा महिला मतदाता मतदान केंद्रों तक आने से हिचकते रहे थे। यह नतीजे कालांतर में सभी सत्ताच्युत वर्गों के साथ महिला मतदाताओं को भी हमारे लोकतंत्र में नई तरह की तथा सक्षम भागीदारी की पीठिका ज़रूर रचेंगे।

एक अन्य सकारात्मक बिंदु कर्नाटक के चुनावों से उभरा है। वह बिंदु है–चुनाव-प्रचार में स्थानीय प्रशासन यानी पंचायत तथा ज़िला परिषदों की सदस्यता की मार्फ़त भरपूर राजनैतिक शक्ति का एहसास पा चुके ग्राम-स्तरीय कार्यकर्ताओं की खुली और सशक्त भागीदारी। वे सभी सत्तारूढ़ सरकार द्वारा स्थानीय निकायों के चुनाव स्थगित करने से रुष्ट थे तथा इनमें बड़ी तादाद में स्त्रियाँ भी थीं। उन्होंने बार-बार इस पर ज़ोर दिया कि सही स्थानीय विकास-नीतियाँ स्थानीय स्तर पर ही बनाई जा सकती हैं और सही विकास नीतियाँ वे ही होंगी जो सत्ता में स्थानीय ग़रीबों की भागीदारी से बनेंगी और उनके हित से सीधे जुड़ती हों। चाहे गहरे समुद्र में मछली पकड़ने वालों की आजीविका का मसला हो अथवा छोटी जोत के किसानों के लिए भूमि क़ानूनों या फसलों के ख़रीद-मूल्यों का।

इन सभी मुद्दों पर महिला-प्रचारकर्ता भी पुरुषों की ही तरह मुखर और आत्मविश्वास से भरपूर दीखीं। पर ऐसे प्रचार से जहाँ निश्चय ही उस सत्तारूढ़ पार्टी को घाटा हुआ जिसकी नीतियों के खिलाफ़ वे प्रचार कर रही थीं। वहीं स्वयं महिलाओं की जमात का न तो कोई ख़ास राजनैतिक सांगठनिक ध्रुवीकरण

हो पाया और न ही उन्हें नई सत्ता को शीर्ष पर लाने का मंत्रिमंडलीय भागीदारी के स्तर पर कोई फ़ायदा मिला। कुल मिलाकर जातिवादी आधारों पर ही पदों की बंदरबाँट होती रही और महिलाएँ मूक अदृश्य मतदाता बनकर पुनर्मूषकोभवत्व को प्राप्त हो गईं।

इस दृष्टि से शायद यह नवोन्मेष का पहला चरण है। जब निश्चित रूप से, बतौर एक सचेत मतदाता आम चुनावों में स्त्रियों की प्रांत दर प्रांत भागीदारी बढ़ रही है, और शेषन की निगरानी में साफ़-सुथरी चुनाव प्रक्रिया उन्हें सहारा भी दे रही है। लेकिन यह बात भी याद रखने की है, कि अगले चरण तक पहुँचने के लिए हमारी महिलाओं की निजी सांगठनिक क्षमता बढ़नी ज़रूरी बनती है और अभी यह वैसी मज़बूत नहीं हो पाई है जैसी कि होनी है। परिवारों की ही तरह राजनीति में भी बुनियादी निर्णयों के लिए आज भी अंततः महिलाएँ परमुखापेक्षी होकर उन्हीं नेताओं की कृपादृष्टि पर निर्भर होने को मजबूर हैं जिनके सामंती पुरुष-तेवर पुरुषों की सांगठनिक ताक़त में स्त्रियों द्वारा किसी क़िस्म की सार्थक भागीदारी के खिलाफ़ रहे हैं। अतः यदि स्त्रियाँ सचमुच लोकतंत्र की सार्थक शक्ति बनना चाहती हैं, तो अब समय आ गया है, कि लोकतंत्र में स्थायित्व और पारदर्शिता चाहने वाले सभी संगठनों तथा चुनाव-आयोग के साथ मिलकर वे राजनीति की ऊर्जा को सही उम्मीदवारों तथा साफ़-सुथरे संगठनों की मार्फ़त लगातार एक ऐसी ताक़त में तब्दील करने में जुट जाएँ जिसके मूल में सच्चे सहकार भी भावना हो, वहशी सत्ता लोलुपता नहीं।

हज़ार बरस की असमानता क्यों ?

अंतर्राष्ट्रीय श्रम संगठन, संयुक्त राष्ट्र संघ (आई. एल. ओ.) की एक ताज़ा रपट के अनुसार पुरुषों के बराबर आर्थिक और राजनैतिक सत्ता पाने में औरतों को अभी हज़ार बरस लगेंगे। खुद संयुक्त राष्ट्र संघ के 179 सदस्य देशों में से मात्र छह की अध्यक्षता महिलाओं के हाथ में है और मंत्रिमंडलों में भी उनकी सदस्यता का प्रतिशत मात्र तीन दशमलव पाँच पाया गया।

रपट से जानकारों को दुःख भले ही हुआ हो, कोई ख़ास अचरज निश्चय ही नहीं हुआ होगा। दूरदर्शन और केबल टी. वी. की मार्फ़त आज दुनिया के हर कोने में चल रही उच्चस्तरीय राजनैतिक गतिविधियों की त्रिआयामी तस्वीर आप घर बैठे देख सकते हैं। क्या आपने कभी उन रपटों में स्त्रियों की उपस्थिति या अनुपस्थिति पर गौर किया है, जब उच्चतम स्तरों पर कूटनीतिक वार्ताएँ, आर्थिक गठजोड़ अथवा शास्त्रास्त्रों के विनिमय संबंधी वार्ताएँ हो रही हों, वहाँ सूत्रधार से लेकर नायक-खलनायक (कभी विदूषक भी) के रोल पुरुषों के ही हाथों में दीखते हैं। इनमें स्त्रियों का प्रवेश बहुत करके चेरी-दूती (यानी सेक्रेटरी) अथवा नटी (आधिकारिक प्रवक्ता) की ही बतौर होता है। जब राष्ट्र प्रमुख दस्तख़त करने को कागज़ सामने खींचते हैं, तो वे ढक्कन खोलकर क़लम पेश कर देती हैं और जब दस्तख़त हो जाने के बाद संधि पत्रों का आदान-प्रदान होता है तो वे तालियाँ बजाती हैं। कमोबेश यही शक्ति-संतुलन अपने यहाँ की प्रमुख राजनीतिक पार्टियों की गोष्ठियों में भी मौजूद रहता है। प्रखर प्रतिवादकर्ता अथवा सशक्त प्रवक्ता के रूप में महिला सदस्यों की शिरकत वहाँ भी विरल ही होती है। भाजपा अलबत्ता इधर धर्म तथा (कभी-कभार) महिलाओं (प्रायः अल्पसंख्यक) की स्थिति से जुड़े किसी प्रज्वलनशील मुद्दे पर अपनी सदस्याओं को प्रोजेक्ट करती दीखती है, लेकिन यह प्रस्तुतियाँ भी बहुत करके नूरा-कुश्तियाँ ही साबित होती रही हैं। यानी जब कभी एक उमा भारती, पार्टी-प्रदत्त 'ब्रीफ़' से बाहर जाकर कुछ कह डालती हैं, तो अचानक भीतर से कुछ चेतावनीभरी गुर्राहटें उठने लगती हैं।

अब यह कलिकाल की महिमा है या कि प्रचार माध्यमों के प्रसार का प्रताप, लेकिन कुछ बात है कि राजनैतिक विश्व के तमाम नकारात्मक तेवरों के बावजूद दुनिया भर की औरतों का राजनैतिक वज़न और समझ बढ़ती जा रही है। मिस्र की मशहूर लेखिका नवाल-अल-सद्दावी के शब्दों में, "जब इक्यावन फ़ीसदी समाज उन औरतों से बना है, जो युद्ध, बेरोजगारी, ग़रीबी या उपनिवेशवाद की विभीषिका सबसे पहले और सबसे लम्बे अर्से तक झेलती हैं, तो फिर वे राजनीतिक गतिविधियों पर, लाख कमजोर हों तो भी खुली चर्चाएँ क्यों न करें ?'

आज हमारे यहाँ आंध्र प्रदेश के नैल्लोर ज़िले की ग्रामीण महिलाएँ भी इसी बात की तसदीक करती दीख रही हैं। रोचक तथ्य यह है कि राजनीति का इन सरल, निर्धन औरतों के जीवन में प्रवेश हो रहा है एक नितांत ग़ैर-राजनीतिक दीखने वाले बिंदु से। यह बिंदु है—गाँवों में सरकारी ठेकों पर अधिकृत तौर से अरक (देशी शराब) की बिक्री। अरक बिक्री की मार्फ़त साल में करोड़ों रुपये का आबकारी-कर वसूलने वाली प्रांत सरकार यह मानने के बावजूद कि शराब पीने की लत निर्धन ग्रामीण परिवारों में से कई को भुखमरी के कगार पर ला खड़ा कर चुकी है, इन ठेकों को बंद करने की कतई इच्छुक नहीं है। क्योंकि 1981-82 में 150.5 करोड़ रुपये की अरक-बिक्री की कुल कमाई 1991-92 में 630.27 करोड़ रुपये तक पहुँच गई है। (इसकी तुलना में ताड़ी बिक्री से मात्र 65 करोड़ रुपये की नगण्य राशि मिलती है।)

ऐसा भी नहीं कि अरक-कमाई के प्रति यह सरकारी रुझान अभी ही बढ़ा हो। शराब विक्रेताओं की लाबी प्रांत में सदा से ताकतवर राजनैतिक वजन रखती आई है। महिलाएँ बताती हैं कि आज शराबबंदी के पक्ष में आवाज़ उठाने वाले एन. टी. रामाराव की सरकार ने भी '80 के दशक में 'वरुण-वाहिनी' की मार्फ़त गाँव-गाँव में थैलीबंद शराब की धुरंधर बिक्री की शुरुआत की थी। जिला स्तर में उठने वाले यहाँ के शराब के ठेकों का ग्राम स्तर पर निर्वहन उप-ठेकेदारों द्वारा होता है। वे लोग निजी बस-चालकों की तरह ताबड़तोड़ मुनाफ़ा कमाने के हवस में शराब बिक्री बढ़ाने को हर हथकंडा अपनाने को तैयार रहते हैं। हैदराबाद की 'अन्वेषी' संख्या की रपट के अनुसार कई मालगुजार अपने मज़दूरों को उनकी इच्छानुसार उनकी मजूरी रुपयों की बजाय अरक की थैलियों के रूप में दे रहे हैं। लिहाजा दिहाड़ी खत्म कर यह मज़दूर जब घर लौटते हैं तो पेट में होती है शराब और टेंट होती है एकदम खाली। गृहस्थी चले तो कैसे ? महिलाएँ विरोध करतीं तो घर में पिटतीं। बाहर आतीं तो उपहास की पात्र बनतीं।

रोचक विडंबना यह कि सरकारी ठेकों के खिलाफ़ ग़रीब महिलाओं को मूक आक्रोश अभिव्यक्त करने के लिए हिम्मत दी एक अन्य सरकारी योजना ने। 'अक्षर दीपम्' नाम की यह योजना सरकार ने जब (स्वैच्छिक संस्थाओं की मदद से) निरक्षरता हटाने के लिए चलाई थी, तो शायद किसी को सपने में भी न सूझा होगा कि पचास हज़ार स्वयंसेवियों का निरक्षरता हटाओ जत्था साक्षर बनाने की प्रक्रिया में इन शोषित-दब्बू ग्रामीणाओं को ऐसी जागरूक दुर्गाओं में बदल देगा, जो झाड़ू और मिर्च की बुकनी जैसे घरेलू हथियारों की मार्फ़त शराब के सर्वसत्तामान् ठेकेदारों का गाँव में पैर रखना असंभव बना देंगी। आज कचेरीदेवरयापल्ली गाँव की बूढ़ी लक्ष्म्मा के शब्दों में :

..."हम औरतें क्या जानती हैं। हम कमरतोड़ काम पर जाती हैं। घर लौट आती हैं। दिनभर बाहर खट के फिर हम बच्चों में, खाना पकाने में खटती हैं। मर्द तो सब कुछ जानते हैं, पर वे काम के बाद कहीं भी जाकर अरक पीने बैठ जायेंगे। इस दुनिया से इस शराब का नाम मिट जाना चाहिए। क्या अरक की कमाई के बिना सरकारें नहीं चल सकतीं ? अगर नहीं, तो फिर कह दो सरकार से कि इन पियक्कड़ों को वह पाले।" लक्ष्म्मा अपनी आभरण रहित बहुओं के लिए रोती है, जिनके जेवर दारू के ठेके पर पहुँच गये। उसके अपने कान के सोने के बुंदे बचे हैं, क्योंकि उसका मर्द पी-पा कर चल बसा है। 'मा उरीकी सारा वद्दू।'—बस हमारे गाँव में शराब नहीं। यह उसका तथा उसकी जैसी अन्य औरतों का नारा है।

राज्य सरकार हतप्रभ है। यदि अरक बंद करती है, तो वह बिना अरक-विरोधी मोर्चे के स्वयं सेवकों की गिरफ़्तारी या दफ़ा 144 लगाये बिना संभव नहीं। यदि यह करे, तो बदनामी जो होगी, सो होगी, साथ ही अभूतपूर्व रूप से सफल साक्षरता अभियान पड़ जायेगा ठप्प। तिस पर तुर्रा यह कि इस अनूठे अभियान का ठीकरा विरोधी राजनैतिक दलों पर छोड़ना भी नामुमकिन है, क्योंकि सभी राजनैतिक दलों को अरक-लाबी धन-जन बल सार्वजनिक तौर पर उपलब्ध कराती रही है। यह तो एक ऐसा विशुद्ध उदाहरण है—जन-जागृति का, जो ग्रामीण स्त्रियों की व्यावहारिक बुद्धि और ऐतिहासिक राजनैतिक परिस्थितियों के मूल से उपजी हैं इसलिए यह सीधे परिवार के मानवीय हित से जुड़ती हैं। साथ ही यह उस राजनैतिक जगत के विसंगति भरे परिदृश्य को उघाड़ती हैं, जो गांधी के नाम की खायती कस्में तो खाता है, पर प्रकट में उनकी बताई मुख्य अवधारणाओं, जिनमें शराबबंदी भी एक है, से दूर भागता रहा है। जो माताओं-बहनों को राष्ट्र निर्माण के लिए न्योता देता है, पर साथ ही परिवार

तथा स्वास्थ्य तोड़ने वाली नीतियाँ भी बनाता है। इस आंदोलन के दौरान बड़ी सहजता से स्त्रियाँ अन्य स्थानीय समस्याओं पर भी सामूहिक विचार-विमर्श शुरू करवा सकी हैं, जैसे धान का वसूली दाम और पीने के पानी तथा स्वास्थ्य-संरक्षण जैसी बुनियादी ज़रूरतों का अभाव ! उन्होंने कई विडंबनाओं को उघाड़ा है। जैसे कि नेल्लोर शहर से 150 कि. मी. की दूरी पर गंडेपलम गाँव में नित्य नियमित रूप से ट्रकों में अरक की सप्लाई तो पहुँच पाती है, जबकि दस्त जैसी सांघातिक बच्चों की बीमारी के उपचार के लिए डॉक्टरी मदद पाने को माताओं को खुद उन्हें ढोकर 16 कि. मी. दूर उदयगिरि तक जाना पड़ता है। पानी लाने को उन्हें 4 किलोमीटर तथा स्कूल जाने के लिए उनके बच्चों को 6 किलोमीटर पैदल चलना पड़ता है। "क्या तुम्हारे परिवार नहीं ? क्या तुम्हारे बच्चे स्कूल नहीं जाते ?" यह स्त्रियाँ आबकारी विभाग वालों से पूछती हैं, पर सरकारी चमड़ी प्रायः मानवीय करुणा के तीरों से नहीं बिंध पाती। तब स्त्रियाँ 'सीधी कार्रवाई' पर उतरीं। रामास्वामीपल्ली गाँव में जब वे तमाम प्रतिरोध के बावजूद सरकारी अफ़सरों की मिलीभगत से शराब के वितरण को न रुकवा सकीं, तो उन्होंने अंततः दो-तीन को पकड़कर धुन डाला और धमकी दे दी कि वे बाज न आएँ तो औरतें मिट्टी का तेल छिड़ककर उनकी जीप तथा 'माल' दोनों को फूँक डालेंगी।

गौरतलब है कि राजनीति में सक्षम हस्तक्षेप करने के बावजूद इन स्त्रियों में अपनी शक्ति को राजनैतिक क्षेत्र में भुनाने की कोई आकांक्षा नहीं है। उनके लिए यह अपने आपको, अपने बच्चों तथा परिवारों को बचाने का बुनियादी संघर्ष है। इसी से वे समस्या के (नशा छुड़ाने की गोलियों के वितरण जैसे) मध्यवर्गीय शहरी हल भी नहीं चाहतीं। उनका स्पष्ट आकलन है कि अपने मर्दों से घर के स्तर पर तो वे खुद निबट सकती हैं, क्योंकि शराब भोजन जैसी आवश्यक वस्तु नहीं है, जिसके बिना उनके मर्द जी न सकेंगे। वे तो उन दुकानों तथा बिक्री केंद्रों की जड़ काटना चाहती हैं, जो मर्दों को परिवारों से काटकर मात्र मर्दों के लिए वाली पियक्कड़ बिरादरी का एक निठल्ला सदस्य बना देती हैं। वहाँ जाकर वे अकेली पड़ जाती हैं और उपहास की पात्र बनती हैं, जबकि मर्द परिवार के बीच में रहता है, तो ज़िम्मेदारी का अनुशासन तथा घरवालों के प्रति ममता उसे जानवर नहीं बनने देते। वे कहती हैं, "हमको ही देखो", उनका कहना है, "हम भी तो वही कष्ट झेलती हैं, जो हमारे मर्द। हम तो शराब में ग़म नहीं डुबातीं। हमें बच्चे पालने हैं, संसार चलाना है। उन्हें भी यह समझना होगा। हमारे मर्दों को अड्डा जाने से रोको।"

क्या ऐसी स्त्री-शक्ति को राजनीति की मुख्यधारा में आदर सहित लाए बिना हम स्वस्थ लोकतंत्र की कल्पना कर सकते हैं ? इन स्त्रियों से विमुख राजनीति—'नारी मुई गृहसंपति नासी, मूड़ मुड़ाय भए संन्यासी' वाली दिशा को ही दौड़ेगी।

हाथ कंगन को आरसी क्या ?

पुलिस, लोकतंत्र और लोकलाज

जब एमनेस्टी इण्टरनेशनल या राफेल जैसे लोग भारत में मानवाधिकारों के दमन की बात उठाते हैं, तो हम सब भड़क उठते हैं। लेकिन हाल के अख़बारों पर नज़र दौड़ाई जाए, तो एक सवाल अनायास मन में कौंधने लगता है, कि आख़िर हमारी पुलिस को हो क्या गया है ? पहले हैदराबाद में पुलिस की झड़प सेना से होती है। फिर लगभग एक ही पखवाड़े के भीतर राजधानी दिल्ली के निकटवर्ती हरियाणा में एक 66 वर्षीय प्रोफ़ेसर को उनके फ़ार्महाउस से घसीट कर थाने लाया जाता है, और वहाँ आधे घण्टे तक उनकी पिटाई होती है। दिल्ली के एक सरकारी आवासीय इलाक़े में एक वरिष्ठ अधिकारी के बेटे से पुलिस भरे बाज़ार में हुई झड़प के बाद मारपीट करती है, फिर उसके माता-पिता और भाई के साथ थाने में गहमागहमी से हाथापाई तक बात बढ़ जाती है और एक अन्य सांसद के ड्राइवर और निजी सचिव को मारपीटपूर्ण पुलिसिया कोप का भाजन बनना पड़ता है। यह तो हुई वी. आई. पी. किस्म की घटनाएँ, जो तुरंत सुर्खियों में आ गईं, और विभागीय छानबीन तथा अपराधी पुलिसकर्मियों की मुअत्तली में न्यायिक उपसंहार को प्राप्त हुईं लेकिन अपने यहाँ जनता के दिन बड़ेजनों की तरह नहीं बहुरते। पुलिस के खिलाफ़ उनकी शिकायतें प्रायः जबरा मारे भी और रोने भी न दे, की कहावत को ही अनुसरण करती दीखती हैं।

एक ख़बर के अनुसार दिल्ली स्थित पुलिस मुख्यालय के निगरानी प्रकोष्ठ में रोज़ करीब पाँच हज़ार शिकायती केस आते हैं। पिछले साल इस प्रकोष्ठ को पुलिस के खिलाफ़ 47 हज़ार से भी अधिक शिकायतें मिलीं, लेकिन अभी उनमें से मात्र 445 मामलों की ही जाँच शुरू हो सकी है शेष मामले 'समुचित कार्रवाई' के लिए संबद्ध राज्यों को भेज दिये गये हैं। स्वयं पुलिस के अधिकारी यह भी स्वीकार करते हैं कि यदि छानबीन हुई और उसमें पुलिस का ही दोष पाया गया, तो भी उसकी परिणति दोषी की मुअत्तली में नहीं, बल्कि अक्सर 'आलोचना' यानी विभागीय फटकार में ही होती है।

[गत वर्ष मात्र 145 पुलिस वाले मुअत्तल किये गये जबकि 2058 को विभाग द्वारा विभागीय तौर से 'फटकारा' गया।]

यह सच है, कि आज के भारत में बढ़ती आबादी, सीमित संसाधन, राजनैतिक हस्तक्षेप की प्रबल संभावना तथा कई आपराधिक गतिविधियों को ऊँचे स्तर से उपलब्ध गुप्त या प्रकट संरक्षण को देखते हुए पुलिस से यह उम्मीद नहीं की जा सकती कि वह अपराधों की रोकथाम और उत्पीड़ितों की रक्षा में अभूतपूर्व प्रगति दिखाएगी, लेकिन यह भी तो नज़रअंदाज़ नहीं किया जा सकता कि एक ओर जहाँ लगभग सभी महानगरों में संगीन अपराध, खासकर महिलाओं और बच्चों के खिलाफ़ होने वाले बलात्कार तथा मारपीट बढ़ते जा रहे हैं, वहीं पुलिस थानों में रपट लिखवाने को गये हुए या पकड़ कर लाये गये स्त्री-पुरुषों के साथ अमानवीय बर्ताव के प्रकरणों में भी बढ़ोतरी हो रही है। पुलिस हिरासत में बलात्कार जैसे जघन्य अपराध के 1990 में 79 मामले दर्ज़ हुए तो 1991 में चौरासी। यह भी किसी से छुपा नहीं कि यह संख्या एक विशाल हिमशैल का एक छोटा-सा अंशमात्र है।

पुलिस के दफ़्तरी और सार्वजनिक आचरण में आई इस चिंताजनक गिरावट को पूरे भारतीय समाज तथा व्यवस्था में आई नैतिक गिरावट से जोड़कर टालना भी उचित नहीं होगा क्योंकि इतिहासक्रम में मनुष्य समूहों की जानमाल तथा मानवाधिकारों के संरक्षण की बुनियादी ज़रूरत के दबाव से ही राष्ट्रों तथा राज्य व्यवस्था का गठन होता रहा है। इन राज्यों की व्यवस्था ने जब न्यायपूर्ण स्थिरता और सुरक्षा का वातावरण रचा तभी कालांतर में उस राष्ट्र ने सभ्य समाज तथा उत्कृष्ट सांस्कृतिक तत्त्वों की रचना भी की है। लिहाजा उन्नत, सभ्यता और संस्कृति का एक सीधा रिश्ता राष्ट्र की जनता के जान-माल तथा मानवाधिकारों की रक्षा से जुड़ता है।

सभी समाजों में पतनशीलता और हिंसक आक्रामकता बीजरूप में विद्यमान होती है। जब इन पर से दण्ड का अंकुश हट जाए तो व्यवस्था का पतन समाजों के पतनोन्मुख तत्त्वों को बढ़ावा देने लगता है तथा दण्डपालिका कई बार हिंसा और अराजकता को उकसाने का कारक बन जाती है। हमारे यहाँ भी यह कई जगह हो रहा है कि क़ानून के रखवाले यातायात नियमों को लेकर संविधान के प्रावधानों तक का सार्वजनिक उल्लंघन कर रहे हैं। याद रखने लायक बात है कि क़ानून और व्यवस्था हमेशा एक-दूसरे के पूरक नहीं होते। कई बार दोनों

में हमें एक स्पष्ट विरोधाभास भी दीखता है। अतः क़ानून और व्यवस्था हमेशा एक-दूसरे के पूरक नहीं होते। कई बार दोनों में हमें एक स्पष्ट विरोधाभास भी दीखता है। अतः क़ानून और व्यवस्था के संयुक्त रखवाले कई बार व्यवस्था की रक्षा करते हुए कानून को कैसे तोड़-मरोड़ सकते हैं, इसका एक स्पष्ट उदाहरण है, दिल्ली पुलिस का महिलाओं के विरुद्ध अत्याचार निरोधक प्रकोष्ठ।

1983 में दिल्ली में जब क्राइम (वीमेन) सेल की स्थापना हुई थी, तो उसके पीछे सामाजिक कार्यकर्ताओं की इस माँग का दवाब काम कर रहा था कि स्वतंत्र भारत के संविधान ने औरतों को जो बराबरी तथा सुरक्षा के अधिकार दिये हैं, तथा स्वतंत्रता के बाद के बरसों में दहेज संबंधी क़ानूनों में जो सुधार हुआ है, उनकी तहत उत्पीड़िता औरतों को अविलंब न्याय मिले। 1989 में दिल्ली प्रशासन ने इस प्रकोष्ठ के कार्य का लेखा-जोखा लेने को पहले स्वैच्छिक संगठनों की राय ली, तथा फिर एक समिति गठित की। समिति को पाँच जुलाई, 1991 को पत्र सहित भेजे गये मसौदे में स्वीकार किया गया था कि सेल के पुलिसकर्मी प्रायः महिलाओं के उत्पीड़न रोधक क़ानून (धारा 498ए) को महिलाओं के हक़ में व्याख्यायित नहीं कर पाते (पृष्ठ 8/6/1) तथा दण्ड क़ानून की धारा 406 के तहत स्त्री-धन की वापसी के मामलों में भी उत्पीड़िता स्त्रियों की सेल में संतोषप्रद सुनवाई नहीं की जा रही है। मसौदे के साथ संलग्न उत्तरपर्णिका का (एनेक्स्योर 3) में जन-प्रतिनिधियों और स्वैच्छिक संगठनों की शिकायतें दर्ज़ हैं, कि प्रकोष्ठ के कर्मचारी प्रायः स्त्री-धन की वापसी तथा भरण-पोषण भत्ते की माँग करने वाली स्त्रियों के प्रति दुराग्रहयुक्त रुख रखते हैं और अक्सर उनकी खिल्ली तक उड़ाते हैं। इसके साथ ही वे पारिवारिक मारपीट से गंभीर रूप से घायल औरत के पक्ष में भी कानून की धारा 489ए की न्यायपूर्ण व्याख्या नहीं करते बल्कि उसके उत्पीड़कों का पक्ष लेते हैं। यही नहीं, प्रायः रपट दर्ज करने वाले उत्पीड़िताओं से स्त्री-धन दिलाने की घूस तक माँगते हैं और इस क़ानून की तामील कराने वाले पुलिसकर्मी कई बार पति-पक्ष से घूस लेकर केस को उत्पीड़िता के खिलाफ़ कमज़ोर भी कर देते हैं।

वस्तुतः व्यवस्था के रखवालों में से कई जन व्यवस्था के दोष मिटाने को रचे गये इन नये क़ानूनों की स्थापनाओं को न तो पूरी तरह कार्यान्वित करना चाहते हैं, न ही वे उन्हें अपनी व्यक्तिगत राय में उचित मानते हैं, क्योंकि वे अभी भी उत्पीड़िता को अपने उत्पीड़न के लिए दोषी ठहराने की पारंपरिक भ्रांति से ग्रस्त हैं। हाल ही में दिल्ली में पुलिस अधिकारियों के साथ अपराध के शिकार नागरिकों को न्याय कैसे मिले--विषय पर एक अनौपचारिक बातचीत के दौरान

इन पंक्तियों की लेखिका ने पाया कि कुछ पुलिसकर्मी (जिनमें दो महिला अधिकारी भी शामिल थीं) मानते हैं, कि स्त्री-धन वापसी और दहेज प्रताड़ना के विरोधी क़ानून पुरुषों को बेवजह सताते हैं। उनकी राय थी कि अधिकतर मामलों की जड़ होती है, नई बहू द्वारा ससुराल में सामंजस्य नहीं बिठाना, न कि उसके खिलाफ़ वर-पक्ष का अत्याचार। यह वास्तविकता कि बहू के साथ गंभीर मारपीट या उसकी जघन्य हत्या तथा हिंसा की अनेक धमकियों के ठोस सबूत मिलने पर ही इन मामलों को दर्ज किया जाता है तथा पूरी क़ानूनी सुनवाई और सोच-विचार कर दिये गये फैसलों के आधार पर ही वे स्त्रियाँ न्याय की हक़दार बनती हैं, उन्हें ग्राह्य नहीं है। सैकड़ों मामलों में युवा बहू की ससुराल में संदिग्ध परिस्थितियों में हुई मौत के पीछे मुँह सिलकर सामंजस्य बिठाते जाने की मायके से मिली सलाह ही काम करती है। यह भी वे नहीं सुनना चाहते हैं।

दरअसल हमारे आज के उपभोक्तावादी समाज की लालचभरी नैतिकता हमारे पुराने समाज की उस सामंती हेकड़ी से जुड़ गई है जिसके तहत ब्याह के बाद एक बहू को बिना चूँ-चपड़ किये ससुराल में हर किस्म की अमानवीय परिस्थिति से तालमेल बिठाने को तैयार रहना चाहिए और यथासंभव दहेज तो साथ लाना चाहिए ही। दहेज निरोधक दण्ड कानून की धारा 498ए, जो एक स्त्री को अपने उत्पीड़न के खिलाफ़ सुनवाई का लोकतांत्रिक हक देती है तथा धारा 406, जो स्त्री को विवाह-विच्छेद की स्थिति में अपना 'स्त्री-धन' वापस लेने की मनुष्योचित गरिमा और क्षमता देती है, सीधे इस समाज की स्त्री-विरोधी धारणाओं से टकराते हैं।

होना यह चाहिए था, कि कानून व्यवस्था के रखवाले के बतौर पुलिसकर्मी लोकतंत्र के प्रतिनिधि बनकर स्त्री विरोधी सामाजिक नैतिकता का यह पुराना दुष्चक्र तोड़ने में उत्पीड़िता स्त्री को सहारा देते। पर चूँकि वे स्वयं भी इसी समाज के सदस्य होने के नाते इन्हीं नैतिक नियमों की छाँह में पले-बढ़े हैं, वे भी अक्सर इन क़ानूनों की अवहेलना करके शोषण बढ़ाने वाली सामाजिक व्यवस्था के ही पक्षधर बन जाते हैं तथा जनता के बीच अग्रगामी लोकतांत्रिकता के वाहक बनने की बजाए प्रायः रूढ़िवादिता तथा यथास्थितिवाद को ही पुष्ट करने में सफल होते हैं।

क्या इस स्थिति से उबरने का कोई उपाय हो सकता है ? यह तो संभव नहीं,

कि पुराने पितृसत्तात्मक मूल्यों वाले समाज ~ ...स्था के रखवालों की वफ़ादारी पूरी तरह ख़त्म हो जाये, क्योंि.. उसका उत्स हमारी व्यवस्था की न्यायपालिका तथा कार्यपालिका दोनों के ही लगभग पूरी तरह पुरुषमय होने में है। पर गौरतलब है, कि पितृसत्तात्मक शोषण को तोड़ने वाले कानून भी इसी व्यवस्था ने बनाये हैं। अतः व्यवस्था की सुरक्षा के नाम पर स्त्रियों, दलितों और बच्चों का दमन न हो इसके लिए ज़रूरी है कि हर तरह की संवेदनशील लोकतांत्रिक इकाइयों, जिनमें स्वायत्त जनसेवी संगठन न्यायपालिका, शिक्षा-कला-साहित्य तथा अग्रगामी चेतना से जुड़े क्षेत्रों के प्रतिनिधि सभी शामिल हों। सामूहिक भागीदारी वाले प्रकोष्ठ निश्चित अंतराल पर पुलिस की कार्रवाइयों की समीक्षा करें। इसके अलावा यह भी ज़रूरी है कि वे 'पुलिस की पुलिस' नहीं बनें बल्कि उनके साथ लगातार स्वयं पुलिस बलों का एक स्पष्ट संवाद और बराबरी का रिश्ता राज्य के द्वारा क़ायम कराया जाये ताकि पुलिस क़ानूनों को समझे और नए क़ानूनों की ज़रूरत स्वीकार करके उन्हें लागू करे। मानवाधिकार युक्त लोकतंत्र की जड़ें मानव-विवेक में आस्था में होती हैं।

हम मानते हैं कि यह विवेक हमारे समाज में आज भी काफ़ी अंशों में मौजूद है। इसीलिए यह मानने की कोई वज़ह नहीं कि जो काम हिंसा या दमन से हो सकता है, वह विमर्श, बातचीत और सर्वानुमति से नहीं हो सकेगा। स्थान चाहे कश्मीर हो या दिल्ली, यदि पुलिस को सचमुच कानून और व्यवस्था का रखवाला बनना है, तो उसके विवेकशील सदस्यों को अविलंब अपने बलों के भीतर सभी स्तरों पर लोकतांत्रिक मूल्यों, क़ानूनों तथा मानवाधिकारों के बारे में समझ विकसित करनी होगी तथा संवेदनशीलता लानी होगी। समय अधिक नहीं है, क्योंकि अब तक दलितों, स्त्रियों, बच्चों पर उठने वाले हाथ इधर सेना तथा सत्ता के सर्वोच्च पदों पर बैठे लोगों पर भी उठने लगे हैं।

भँवरी नाम है एक लहर का

यदि हमारे आज के समाज के दो चेहरों की मार्फ़त भारतीय समाज की दो प्रमुख धाराओं पर गंभीरता से सोचना हो तो हमारे आगे नौ सितंबर की सुबह के प्रमुख अख़बार एक बहुत अच्छा प्रारूप पेश करते हैं। उनमें जहाँ प्रमुख ख़बरों में पंजाब-मुख्यमंत्री के पोते गुरुकीरत सिंह की बलात्कार के आरोप में गिरफ़्तारी की सूचना है, तो वहीं कहीं आस-पास (या भीतर के पन्नों में) यह ख़बर भी दीखती है कि असाधारण साहस और कर्तव्य परायणता के लिए इस वर्ष का 'नीरजा भनोट स्मृति पुरस्कार' राजस्थान के भटेरी गाँव की एक दलित महिला—भँवरीबाई को दिया जायेगा।

राजस्थान की बस्सी तहसील के इस लगभग अचर्चित गाँव में जाति से कुम्हार भँवरीबाई, 'साथिन' (समाज सेविका) का काम करती है। सरकारी प्रोत्साहन पर अपने गाँव में ग़ैरकानूनी बालविवाह रोकने का बीड़ा उठाने वाली भँवरी को इस सामाजिक पुनरुत्थान कार्य के एवज़ में समाज के ठेकेदारों से 'पुरस्कार' मिला, पहले आर्थिक और सामाजिक बहिष्कार और अंततः सामूहिक बलात्कार के रूप में। भँवरीबाई को तो झूठा और पराया करार दे दिया गया, साथ ही उसके पति और बच्चों को भी जाति-समाज से परे कर दिया गया। भँवरी को देख लोग मुँह फेर लेते थे। स्कूल में बच्चे उसके बच्चों की छाया तक से बचना चाहते थे। जिन घरों में रोज़ का आना-जाना था, वे पहचानने से इनकार करते थे। सभी को ताक़तवरों का डर जो था। पुलिस, प्रशासन और समाज—तीनों अपनी-अपनी परंपरा के अनुसार उनके ही साथ थे, जिन्होंने उसके साथ बलात्कार किया। समरथ को नहिं दोष गुसाईं !

इस गाढ़े वक्त में भी भँवरीबाई का साथ किसी ने दिया, तो वे थीं, उसके साथ की अन्य साथिनें। यह प्रायः अनपढ़ और पर्दानशीन ग्रामीण महिलाएँ हैं जो महज़ दो सौ रुपये के 'मानदेय' पर राजस्थान के गाँवों में एक बुनियादी महिला विकास कार्यक्रम की रीढ़ बनकर उसे सक्षमता से चला रही हैं। वे भँवरी के साथ उस वक्त भी लगातार बनी रहीं जब पुलिस और प्रशासन उसे झूठी

और कुलटा कह रहे थे। अंततः 27 सितंबर, 1991 को सी. बी. आई. को साथिनों तथा कुछ महिला संगठनों तथा उनके मीडिया-मित्रों के लगातार कहने से बलात्कार के पाँच आरोपियों के खिलाफ़ चालान जारी करना ही पड़ा। लेकिन नौकरशाही के हाथ बड़े लंबे होते हैं और उसकी महिमा अपरम्पार ! सी. बी. आई. के जाँच अधिकारी न जाने क्यों चालान अपने साथ लेकर दिल्ली चले गये। फलस्वरूप आरोपी अग्रिम जमानत पर छोड़ दिये गये और छूटकर भाग निकले। उनमें से मात्र एक आरोपी--ग्यारसा गूजर 4 नवंबर, 1993 को गिरफ़्तार किया जा सका। बाकी सब पुलिस की भाषा में 'फरार' करार कर दिये गये। अब पुनः शुरू हुआ भँवरी को कुलटा कहने तथा उस पर दबाव डालने का सिलसिला, कि वह मुकदमा वापस ले ले। लेकिन भँवरी दूसरी ही मिट्टी का जीव है। वह अपनी बात की सचाई पर अड़ी रही। बहरहाल ग्यारसा के पकड़े जाने से भँवरी और साथिनों का हौसला कुछ तो बढ़ ही गया और साथ ही जातिवाद, सामंतवाद तथा सामाजिक कुरीतियों तले दबे भटेरी गाँव में भी नये सिरे से स्त्री-पुरुषों के बीच इस घटना पर सोच-विचार शुरू हुआ। 17 दिसंबर, 93 को जब राजस्थान उच्च न्यायालय के न्यायाधीश श्री टिबेरवाल ने अपने फैसले में न केवल भँवरी के आरोप सही घोषित किये, बल्कि ग्यारसा समेत शेष चार आरोपियों की जमानत की अर्ज़ियां खारिज करते हुए सी. बी. आई. को कर्तव्य की अनदेखी करने की बाबत कड़ी फटकार बताई, तो इंसाफ़ पाने की उम्मीद और भी बलवती हो गई। 'मैं खुश हूँ कि मैं अड़ सकी। मैं लड़ सकी।' भँवरी ने पत्रकार मणिमाला से कहा ! साथिनों तथा महिला संगठनों ने फिर साथ दिया और फिलवक्त वकील सुश्री मीनाक्षी की मार्फ़त भँवरी ने सर्वोच्च न्यायालय से दरख्वास्त की है कि इन अभियुक्तों को पकड़ने और दंडित करने की कार्रवाई अविलंब शुरू कराई जाये। इसकी इसी माह सुनवाई होने की आशा है।

भारत के दूरदराज़ के गाँवों में मोटे तौर से आज भी हालात ऐसे हैं कि यदि आप एक दलित हैं, उस पर भी औरतजात, तो प्रताड़ना और उत्पीड़न आपके जीवन का अनिवार्य हिस्सा बनते चले जाते हैं। अधिकतर औरतें इसे अपनी नियति मानकर हर तरह के अत्याचार और अन्यायों को मूक होकर झेलती आई हैं। लेकिन भँवरी का मामला उदाहरण है कि अब धीमे-धीमे ही सही, एक नई लोकतांत्रिक चेतना अब वहाँ भी भँवरी जैसी औरतों की मार्फ़त प्रवेश करने लगी है। अन्याय के आगे टूटना नहीं झुकना नहीं और अपनी सचाई पर अड़े रहना है, इसकी एक मिसाल बनकर उभरी है भँवरीबाई !

मसले के कुछ और भी उल्लेखनीय पहलू हैं, एक तो यह कि भँवरी इस

सरकारी विकास कार्यक्रम से जुड़कर साथिन बनने से पहले पूर्णतः निरक्षर थी। गाँव में साक्षरता कार्यक्रमों की शुरुआत कराने के साथ उसने अपने आप को साक्षर बनाया। दूसरे, भँवरी का रिक्शाचालक पति मोहन सिंह, जिसको गाँव वालों तथा आरोपियों ने बेहद मारा-पीटा था, लगातार मजबूती से सारी ऊँच-नीच के बावजूद अपनी पत्नी का हिमायती बना रहा। वह भी आज एक मिसाल है उन तमाम समाज-भीरु भारतीय जीवनसाथियों के लिए, जो बाहर जाकर समाज सुधार की लंबी-चौड़ी बातें तो बहुत करते हैं, लेकिन घर के भीतर कठोर सचाई से रू-ब-रू होने पर परिवार-हित में पत्नी को चुप साध लेने और आँखें मूँदने की नेक सलाह देने पर उतर आते हैं या फिर त्याग कर ही चल देते हैं।

भँवरी को ताक़त मिली, तो अपने पति, अपनी संगी साथिनों तथा अपनी भीतरी सत्यनिष्ठा से। राजस्थान सरकार का यह महिला विकास कार्यक्रम जो पिछले आठेक वर्षों से चल रहा है, तय शुदा तौर से सफ़ल प्रमाणित होते हुए भी; सरकारी हलकों में लगातार पानी के बुलबुले की तरह नश्वर ही बना हुआ है, बावजूद इसके, कि कार्यक्रम में कार्यरत आठ सौ साथिनों ने गाँव-दर-गाँव महिलाओं को साक्षर बनाते हुए उन्हें विकास कार्यक्रमों से जोड़ा है तथा उनके बच्चों के टीकाकरण और पोषाहार-वितरण के क्षेत्रों में भी बहुमूल्य योगदान दिया है, उनकी तनख़्वाह अभी भी मात्र दो सौ रुपये के लगभग है। और वे पूर्णकालिक सरकारी कर्मचारी भी नहीं मानी जातीं ! फिर भी कुछ साल पहले बिना सरकारी अर्ज़ी दिये कालीकट महिला सम्मेलन में जाने पर पाँच साथिनों को काम से हटा दिया गया, और लंबी लड़ाई के बाद ही बहाल किया जा सका। किंतु 'जो कुछ गंधी दे नहीं, तो भी वास सुवास', के सिद्धांत की तहत इन स्त्रियों में विकास कार्यक्रमों की धारा से जुड़ने के और घर से निकलकर दूसरी औरतों के सुख-दुख की साझीदार बनने के बाद एक अद्‌भुत आत्मविश्वास का संचार हुआ है। नतीजतन उन्होंने अपने गाँवों और स्वयं अपनी कार्य-स्थितियों को लेकर अब सिरे से सोचना शुरू किया है। गत वर्ष उनकी अपनी यूनियन भी बन गई है, जिसकी मार्फ़त वे अब भँवरी के जैसे मामलों में और अधिक सक्षमता से अपना केस प्रस्तुत कर सकेंगी, साथ ही अपने वेतन तथा ज़रूरी सुविधाओं की जायज़ माँगें भी मुखरता से उठा पायेंगी।

तो एक ओर तो भारतीय स्त्री की संघर्ष-चेतना और नैतिक गरिमा लगातार इस तरह से तमाम बाधाओं के बावजूद पुनर्स्थापित हो रही है, और दूसरी ओर उसी

देश, उसी समाज में मुख्यमंत्री के घर के चिराग, उनके पोते को अपने सुरक्षा गार्डों की मदद से एक विदेशी युवती को अगवा तथा बलात्कार का प्रयास करने के आरोप में हिरासत में लिया जाता है। यह घटनाएँ गवाह हैं कि नवोन्मेष और पतनशीलता एक ही समाज में कैसे और कहाँ पलते हैं। राजनेताओं के बेटों-पोतों या नातियों द्वारा अमर्यादित उच्छृंखल व्यवहार की घटनाएँ इधर आम होती जा रही हैं। भाकपा के पंजाब के वरिष्ठ नेता और पूर्व मंत्री श्री सतपाल डांग ने यह भी आरोप लगाया है कि पंजाब के ही एक अन्य दिग्गज़ नेता के पोते (जो 'डॉन' नाम से जाना जाता है) की अगुआई में एक गैंग द्वारा जलगाँव सरीखा एक अन्य सेक्स-कुचक्र चलाया जा रहा है। अब गुरकीरत सिंह के पकड़े जाने के बाद वहाँ भी कुछ धरपकड़ हुई बताई जाती है। बहरहाल घटना का राजनैतिक पहलू देखते हुए, जैसी कि उम्मीद थी, एक ओर तो विपक्षी दल तो इसे लेकर जोरों से मुख्यमंत्री के इस्तीफ़े की माँग बुलंद कर रहे हैं, वहीं पुलिस के प्रमुख ने लड़की के हवाले से वक्तव्य दिया है कि वादी लड़की के साथ बदसलूकी ज़रूर हुई है, जिससे उसे चोटें-खरोंचे आई हैं पर उससे बलात्कार नहीं किया गया। पंजाब विश्वविद्यालय के एक प्रोफ़ेसर ने एक अंग्रेजी दैनिक में कहा है कि यदि अब मुख्यमंत्री अपने पोते के सर पर हाथ रखते हैं, तो शांतिपूर्ण पंजाब में लड़कियों को पर्दे में जाना पड़ेगा।

भँवरी कांड और चंडीगढ़-कांड यह महज दो नामों, दो व्यक्तियों की ही कहानियाँ नहीं, यह हमारे उस पूरे राज-समाज की दो प्रमुख धाराओं के प्रतीक हैं। एक ओर राजनेताओं के अपने पिछवाड़े में प्रतिगामिता, भ्रष्टाचार, हैवानगी और सामंती ऐंठ की धारा बह रही है। जिसमें हाथ धोने से कई लाभ हैं। किंतु वहीं दूसरी ओर गाँवों के क्षुद्रतम तबकों से एक अन्य लहर भी उतनी ही ताक़त के साथ उठने लगी है, अन्याय का प्रतिरोध करने, उसे चुनौती देने और अन्यायी के आगे हथियार न डालने की ! एक ओर धन, सत्ता और राज्य के हथियारों की दहलाने वाली चमक दमक है, तो दूसरी ओर नंगे पैर चलनेवाली सचाई की दुर्द्धर्ष जिजीविषा, जहाँ फैसला दर्ज होने और सुनवाई के बीच उम्र निकल जाती है। दोनों की क्रिया और प्रतिक्रिया की ज्वाला से अंततः भारत के लोकतंत्र का सही स्वरूप भी पैदा होना है। और जैसा कि महाभारत युद्ध के समय कहा गया था; देश की जनता के हर अंश को अपना-अपना खेमा इन्हीं दोनों में के बीच चुनना है। अब हाशिए पर बैठकर लहरें गिनने का सुहाना समय जा चुका है। जो लड़ेगा नहीं वह भी मारा जायेगा।

यह तो नारीवाद नहीं

हाल में एक प्रतिष्ठित प्रकाशन समूह की एक पुरानी और प्रतिष्ठित अंग्रेजी महिला पत्रिका के ताजा अंक में एक लेख की पंक्तियों पर निगाह ठिठक गई—'आपका लापरवाही से सँवारा व्यक्तित्व एक बुद्धिजीवी वामपंथी 'बाबू' को भले ही आकर्षित कर ले, पर आपकी अपनी छवि उससे कैसी बनेगी, सोचिए ! गांधी आश्रम भले ही हाथ की बुनी साफ़-सुथरी खादी के थानों की ढेरी लगाता जाये, पर कृपया उस खादी के स्थानीय दर्ज़ी के हाथों सिले भदेस कुर्तों को गांधी-आश्रम के रैक्स पर ही टँगा रहने दें... खादी का अच्छे डिज़ाइनर द्वारा सिलवाया यह स्वरूप आपको बुद्धिजीवी के खाने में बरकरार तो रखेगा पर साथ ही आपके शरीर की बी. प्रभा (एक जानीमानी कलाकार) के चित्रों की सी उन मोहक गोलाइयों को भी उभार देगा... (अंग्रेजी से अनु.)।

उल्लेखनीय है कि जिस अंक में यह लेख छपा है, उस अंक की प्रमुख आवरण कथा भारतीय सार्वजनिक प्रतिष्ठानों में उच्चपदस्थ महिला अफ़सरों की उपलब्धियों पर केंद्रित है तथा एक अन्य (आवरण पर उल्लिखित) विशेष लेख महिला उद्यमियों को अपनी निजी कम्पनी कैसे शुरू करें, विषय पर गहन जानकारी भी देता है। यानी एक ओर आत्म छवि के नाम पर महिला पाठकों के आगे उनके व्यक्तित्व को बेहद प्रतिगामी तरीक़े से पुरुषों को लुभाने वाला एक उपभोक्ता पदार्थ मात्र बनाकर पेश करना, और दूसरी ओर स्त्री-स्वतंत्रता के उजले स्वरूपों से उसे सोच्छ्वास जोड़ना। खोजें तो नारीवाद के नाम पर आज ऐसी उलटबाँसियाँ लगभग हर व्यावसायिक अंग्रेजी-हिंदी पत्रिका में मिल जायेंगी और नए टी. वी. चैनलों पर प्रसारित किये जा रहे कई महिला कार्यक्रमों-परिचर्चाओं में भी !

हम पाते हैं, कि कई उच्चपदस्थ महिलाएँ साक्षात्कार-दर-साक्षात्कार, परिचर्चा-दर-परिचर्चा इन पत्रिकाओं के पाठकों और इन कार्यक्रमों के दर्शकों को

वहाँ से यह संदेश दे रही हैं कि नारी-शक्ति के विकास का सीधा मतलब बनता है—ऊँचा पद, ऊँची तनख्वाह तथा बोर्डरूम में प्रभुत्व पाना और नई आर्थिक व्यवस्था के तहत बने एक खुले बाज़ार की चूहा दौड़ में पुरुषों को भी पछाड़ देना। क्या ही विडंबना है कि पुरुषों की बनाई जिन सामाजिक और व्यावसायिक विषमताओं तथा भोगवादी मानसिकता के खिलाफ़ नारीवाद का उदय हुआ, उसकी तो यहाँ कोई गंध नहीं, उलटे पुरुषों के खेल में उनकी बनाई शर्तों पर उनसे भी अधिक चतुर 'मर्दानगी' दिखाने की इच्छा ही प्रबल है। स्वार्थी 'भोग-वाद' के खिलाफ़ सांगठनिक सहभागिता, एकजुटता और अनुशासनपूर्ण सादगी अपनाना तथा सामाजिक न्याय के प्रति सजग सभी नारी-संगठनों को सहारा देना हमारी बुजुर्ग नारीवाद बहनों ने एक पीढ़ी पहले सच्चे नारीवाद के ये बुनियादी सिद्धांत गढ़े थे। वे सिद्धांत लगता है उद्योग जगत की चूहादौड़ में सहर्ष शामिल इन महिलाओं के लिए वैसे ही अप्रयोजनीय तथा क्लेशवर्द्धक बन गये हैं, जैसे गांधी-आश्रम की खादी और सस्ते घरेलू दर्ज़ियों की मिली पोशाकें।

यह अनायास नहीं है कि ऐसी प्रस्तुतियों की भाषा भी हमें उनके दर्शन की ही तरह चालू तथा खोखली प्रतीत होती है। केबल टी. वी. इस ग्लैमरस दर्शन को जिस विचित्र-सी अंग्रेजी मिश्रित हिंदी में लपेटकर परोस रहा है, वह आज के भाषाई संस्कार से रहित हमारे शहरी मध्यवर्ग की एक ख़ास पहचान है। यह वह मध्यवर्ग है, जिसकी जड़ें कभी भले ही भारतीय भाषाओं और निम्न मध्यवर्ग में रही हों, पर आज वह उनसे चिढ़ता है। वह अब स्मार्ट अंग्रेजी, कीमती कपड़ों और उपभोक्ता सामग्री के मालिकाने की मार्फत उच्च मध्य वर्ग के कंगूरों पर अपनी कमंद फेंककर उस ओर चढ़ने लगा है जहाँ खुले बाज़ारों की स्वार्थमय स्पर्धा है, उपभोक्ता सामग्री का मायाजाल है और साथ ही एक संकीर्ण क़िस्म का जातीय राष्ट्रीयतावाद भी है, जो वसुधैव कुटुम्बकम की बजाए, 'मैं और मेरा' का स्वार्थी दर्शन सिखाता है। यह वर्ग निश्चय ही ऐसे कार्यक्रमों का मुग्ध दर्शक बनेगा (और बन भी रहा है) जहाँ एक स्मार्ट, कीमती डिज़ाइनर साड़ीधारी उच्च पदस्थ महिला एक्ज़ीक्यूटिव एक अन्य लकदक पोशाक से लैस बी-ग्रेड फ़िल्मी तारिका को अपनी निजी उपलब्धियों, अपने स्वास्थ्य सौंदर्य के रखरखाव के बारे में बता रही हो। ऐसे साक्षात्कार लेने वाली का सतही सामाजिक और अर्थजगत् विषयक ज्ञान, साक्षात्कार देने वाली की सतही तथा उथले नारीवाद से ठीक वैसे ही मैच करता है, जैसे विज्ञापनों में फ़िल्टर और सिगरेट।

प्रख्यात आलोचक जॉर्ज स्टाइनर ने एक बार कहा था कि शब्द बहुत नाज़ुक

होते हैं। सार्थकता से भरे शब्द भी बखूबी भ्रष्ट किये जा सकते हैं, अगर उसका प्रयोग करनेवाला समाज सार्थक मूल्यों से परे हट चला हो, और उन शब्दों का प्रयोग एक झूठ को ढँकने के लिए किया जा रहा हो। नारीवाद विषयक ऐसे लेखों या टी. वी. कार्यक्रमों में, जिनका उपयोग उसके निर्माता उपभोक्ता सामग्री के प्रचार-प्रसार अथवा उपभोक्तावादी दर्शन की प्रशंसा के लिए कर रहे हों, आज हम नारीवाद के कई सार्थक मुहावरों के साथ यही होता पा रहे हैं। परिचर्चाओं, लेखों या साक्षात्कारों में ऐसी दोनों (या तीनों या चारों) महिलाएँ ऊपरी तौर से नारीवादी शब्दावली का खूब इस्तेमाल करती हैं, जैसे स्त्री की 'अस्मिता' तथा 'छवि' उसका सामाजिक शोषण, उसके निजत्व की परिधि आदि। लेकिन बड़ी ही चतुराई से वे ऐसे महत्त्वपूर्ण नारीवादी सवालों तथा विसंगतियों को ग्लैमर के इंद्रजाल के पीछे तिरोहित कर देती है, जिनको उठाये बग़ैर लोकतंत्र में स्त्री के स्वातंत्र्य तथा आर्थिक सफलता के मुद्दों को ठीक से समझा-समझाया नहीं जा सकता।

मसलन, ऐसा क्यों है कि संगठित क्षेत्र के अनेक बड़े निजी और सार्वजनिक प्रतिष्ठानों में ऐसी तथाकथित शक्तिमयी स्त्रियों की ऊँचे ओहदों पर उपस्थिति के बावजूद वहाँ महिला-कामगारों की तादाद कभी छँटनी तो कभी विशेष क़ानूनों के बहाने लगातार घटाई जाती रही है ?

या, अपने लिए बेहतर भत्ते तथा सुविधाओं की ज़रूरत तो उद्योग जगत की ये सक्षम स्त्रियाँ इन कार्यक्रमों में बता रही हैं, पर क्यों अभी तक उन्होंने इस क्षेत्र में नये आर्थिक दर्शन की तहत संभाव्य छँटनियों से प्रभावित होने जा रही अपनी निचली श्रेणियों पर कार्यरत उन हज़ारों बहनों के लिए कोई ठोस नारीवादी आपातकालीन योजना बनाना तो दूर, नई आर्थिक पालिसियों के प्रतिरोध में औपचारिक आवाज़ उठाना भी ज़रूरी नहीं समझा ?

क्यों उच्च शिक्षा से लैस होते हुए भी वे कभी भी आर्थिक पुनर्रचना के पूरे सरकारी दर्शन पर खुलकर अपनी दृष्टि से बात नहीं करतीं ? यदि वे डरी हैं, तो किससे ? और नहीं डरतीं, तो क्यों ?

ठीक है, पुरुष अधिकारियों को अपने पूर्वाग्रहों के चलते कामकाजी स्त्रियों के व्यावहारिक कष्ट प्रायः पारिवारिक स्तर पर दीखते हैं, न दफ़्तर पर। लेकिन इतनी शक्ति, क्षमता और संसाधनों की स्वामिनी होने के बावजूद ऊँची महिला पदाधिकारियों ने असंगठित क्षेत्र की हाशिए से भी ओझल इन स्त्रियों के हितों की बचत इन लेखों-कार्यक्रमों में क्यों कभी नहीं की है ?

बैंकिंग के क्षेत्र में आज ऊँचे पदों पर अनेक बुद्धिमती स्त्रियाँ आसीन हैं। यह हम सबके लिए गर्व का विषय है, लेकिन इस क्षेत्र में शेयर बाज़ार से जुड़े घोटालों पर उन्होंने कोई टिप्पणी या प्रतिरोध क्यों व्यक्त नहीं किया ?

अपने समेत सरकारी अफ़सरों की पूरी बिरादरी के लिए बेहतर वेतन और बेहतर भत्तों की पेशकश करते वक्त खुद सरकार द्वारा ठेके के कामों में महिला कामगारों को कम मजूरी देने के लाखों प्रकरणों को लेकर वे क्यों मौन और तटस्थ हैं ?

अपनी शरीर, स्त्री-धन और बैंक अकाउंटों तथा पारिवारिक संपत्ति पर अपने जायज हक़ों पर मुखरता से बोलने के बाद भी वे कभी चार बातें शिक्षा तथा स्वास्थ्य के क्षेत्र में उन कटौतियों को लेकर क्यों नहीं करतीं, जिनसे हमारी करोड़ों गरीब औरतों-बच्चियों का भविष्य जुड़ा हुआ है ?

क्यों इन वृहत्तर मसलों के उठने पर वे तुरंत कहती हैं कि यह काम समाज-सेवी संगठनों के करने का है ! समाज सुधारकों का है ! क्या एक सामाजिक प्राणी के नाते समाज में औरतों के जीने-मरने से उनका कोई जुड़ाव नहीं ?

विदेह राजा जनक कहते थे कि मिथिला नगरी जल भी जाए तो मेरा क्या जायेगा ? वैसे ही शायद इन स्त्रियों को भी लगता हो कि वृहत्तर समाज और देश में जो कुछ घट रहा है उससे उनकी कोई संपृक्ति नहीं। लेकिन विदेहराज तो वैरागी थे, मैं-मेरा से दूर। मिथिला के साथ ही निजी ऐश्वर्य के संचय के प्रति भी वे नितांत उदासीन ही रहे आये। जबकि इन परिचर्चाओं, साक्षात्कारों और चर्चाओं की भागीदारों में निजी स्वास्थ्य की चिंता, शारीरिक परिमार्जन, आर्थिक बचत और प्रतिस्पर्धी कंपनियों तथा गुटों का उखाड़-पछाड़ करने की चतुर इच्छा के साथ अपने बच्चों-परिवारों को तमाम बाधाएँ झेलकर बुलंदियों तक ढोने की आकांक्षा स्पष्ट बोलती है। यह सांसारिक चिंताएँ, आकांक्षाएँ कतई ग़लत या त्याज्य नहीं, पर उनकी एक सामाजिक कीमत चुकाये बिना समाज के भले की कीमत पर मात्र अपना और अपनों का हित करने की इच्छा, यह तो किसी भी दर्शन की तहत जायज नहीं ठहराये जा सकते।

जाति और वर्ग-विभाजित समाज में शैक्षिक संस्थानों के भीतर भी देर-सबेर एक तरह का विभक्त दर्शन व्याप्त हो जाता है। आज लगभग हर बड़े विश्वविद्यालय में वीमेंस स्टडी सेल यानी महिलाओं की स्थिति विषयक प्रकोष्ठ हैं, जिनमें से कुछ भारत भर में औरतों की स्थिति पर बहुत सराहनीय शोधकार्य और विश्लेषण भी कर रहे हैं। लेकिन चूँकि इनमें पढ़नेवाली अधिकतर स्त्रियाँ मध्य वर्ग से आती हैं, हम पाते हैं कि इन प्रकोष्ठों का अधिकतर काम तथा डाटा अंग्रेजी ही उपलब्ध है। कहना न होगा, कि छोटे शहरों और ग्रामीण स्तरों पर काम कर रहे स्वैच्छिक समाजसेवी संगठनों के लिए ऐसे कोरे अप्रयोजनीय

ही बने रहते हैं। यह हमारे देश के वर्तमान अकादमिक क्षेत्र की एक केंद्रीय विडंबना है कि ग़रीबी, असमानता तथा स्त्रियों की विषम स्थिति पर बड़े-बड़े विद्वानों द्वारा जो भी बढ़िया काम आज हो रहा है, उसके बुनियादी ब्यौरे तो वे अपने शोध सहायकों की मार्फ़त भारतीय भाषाओं में संचित करा रहे हैं, पर उनका अंतिम संकलन, माप-जोख़ तथा विश्लेषण वे अंग्रेजी में ही प्रस्तुत करते हैं और उन्हें भी वे प्रिंसटन, हारवर्ड, आक्सफर्ड अथवा येल जैसे विख्यात पश्चिमी विश्वविद्यालयों के अकादमिक पत्रों में छपवाने को ही वरीयता देते हैं जबकि उनके पैने विश्लेषणों और तर्कसंगत वैज्ञानिक सुझावों के मार्ग के मार्गदर्शन की सर्वाधिक दरकार भारत के उन समाजसेवी संगठनों को है; जो इन ऊँचे शोध केंद्रों तथा अंग्रेजी भाषा से बहुत दूर चुपचाप अपना काम कर रहे हैं।

आज, जबकि नारीवाद हमारे यहाँ एक अपरिचित या त्याज्य दृष्टिकोण नहीं बल्कि एक सार्थक स्वीकृत समग्र दर्शन के रूप में स्वीकार्य हो चला है, इससे प्रतिबद्धता के साथ जुड़े सभी समर्थ जनों को ईमानदारी और तटस्थता से इस विचारधारा में आ बैठी इन तमाम विकृतियों तथा कमजोरियों के परिमार्जन के बारे में भी सोचना होगा। नारीवाद कतई स्त्रियों को वृहत्तर समाज से अलग-थलग रखकर देखने और हर क्षेत्र में पुरुषों के खिलाफ़ उन्हें प्रोत्साहित करने का दर्शन नहीं। यह तो एक समग्र दृष्टिकोण है, जो संवेदनशील नागरिकों में पहले शोषित और प्रवंचित स्त्रियों की स्थिति के प्रति सहानुभूति और मानवीय दृष्टिकोण विकसित करके उसके उजास में उन्हें अपने पूरे समाज के शोषित और प्रवंचित तबकों को समझने की क्षमता देता है। साथ ही उनके प्रति एक तरह की सदयता तथा कर्मठ दायित्वबोध भी जगाता है।

एक लोकतंत्र में सही सुधार तथा पुनर्रचना का काम, वह आर्थिक क्षेत्र में हो, अथवा सामाजिक क्षेत्र में; स्वार्थी प्रतिस्पर्धा तथा असमानता के वातावरण में कभी नहीं किया जा सकता। इस तरह नारीवादी शब्दावली की ओट में छोटे से संपन्न वर्ग की स्त्रियों की स्वतंत्रता और उपभोगवृत्ति को पूरे देश की स्त्रियों की स्थिति बताते हुए आर्थिक-सामाजिक असमानताओं को जायज ठहराना और मुक्त बाज़ार व्यवस्था तथा स्व-केंद्रित उपभोक्तावाद को सभी भारतीय स्त्रियों के लिए एक बेहतर विकल्प बताना, यह एक दारुण झूठ के अलावा कुछ नहीं। यदि सच्चे नारीवाद का बचाये रखना है, तो हमें हर क्षेत्र में निर्ममता से इस झूठ का पर्दाफाश करना ही होगा।

महिला शरणार्थी की त्रासदी

इन दिनों पूरी दुनिया में टी. वी. के पर्दों से लेकर अख़बार के पन्नों तक में एक समूह की छवि बार-बार दिखाई दे रही है, वह समूह है शरणार्थियों का। कहीं गृहयुद्ध, तो कहीं अकाल और कहीं महामारी के प्रकोप से इन दिनों दुनिया का शायद ही कोई कोना अछूता बचा रह गया हो। लिहाजा करोड़ों लोगों के बहुरंगी, बहुधर्मी झुंड अपने पुरखों की धरती छोड़कर पराये स्थानों में शरण लेने को बाध्य हो निकल पड़े हैं। जितना हाथों में या पीठ-सर पर ढो सकें उतना सामान पोटलियों में लादे यह जन कभी एक सुखी समाज के गर्वीले-संपन्न नागरिक थे। पर आज भूख-प्यास-थकान तथा बीमारी के मारे यह बेकसूर लोग हर पड़ोसी देश या राज्य के लिए अनचाहे बिन बुलाये मेहमान भर हैं। और संयुक्त राष्ट्र संघ तथा समाजसेवी संगठनों की चिंता के बावजूद सरकारों द्वारा लगातार दुरदुराया और हंकाला जाना है उनकी अनिवार्य नियति। सदियों पुराने समाज और परंपराएँ टूटने तथा घर-द्वार, मवेशी, खेत सब पीछे छूट जाने से इन शरणार्थियों की आर्थिक तथा सामाजिक जड़ें कतई नष्ट हो चुकी हैं। अब वे जायें भी तो कहाँ ? एक ओर गोलियाँ तथा गालियाँ हैं, दूसरी ओर भूख। टी. वी. के पर्दे पर इन तमाम लोगों की पथराई आँखों में से एक ही सवाल झाँकता है--अब हमारा क्या होगा ? हमारी सुध किसे है ?

अभी संयुक्त राष्ट्र संघ की विश्व जनसंख्या स्थिति संबंधी रपट 1993 सामने आई है, जिसके अनुसार पूरी दुनिया में लगातार बढ़ते जा रहे ऐसे प्रवासी शरणार्थी समुदायों की लगभग तीन-चौथाई सदस्याएँ औरतें हैं। उनके पुरुष या तो बड़ी तादाद में युद्धों में मारे गए या इन हादसों के पहले अपने परिवारों को पीछे छोड़कर प्रवास पर जो निकले, तो लौटकर घर नहीं आये। पीछे अकेले छूटी इन औरतों ने जब तक वे विभीषिकाओं को झेल पाईं, अपना घर-कुटुंब चलाया लेकिन स्थिति असह्य होने पर अपने बच्चों को थाम कर उन्हें शरणार्थी के रूप

में अनचाहे प्रवास पर निकलना पड़ा है। यह बेसहारा स्त्रियाँ जब प्रायः अपने परिवारों समेत अनजाने पड़ोसी राज्य या देश में पहुँचती हैं, तो वहाँ उनकी हैसियत अनधिकृत प्रवासी घुसपैठिये की होती है। लिहाजा नागरिक के रूप में वे अमान्य ही रहती हैं। झुग्गी-बस्तियों में जहाँ ठौर मिले उन्हें डेरा डालना होता है, और फिर शुरू होती है रोज़ी रोटी की एक लम्बी कड़वी तलाश। अंतर्राष्ट्रीय शोध के अनुसार अपने परिवारों की मुखिया ऐसी स्त्रियों की औसत आयु 15 से 40 तक की होती है, और (अफ़्रीकी मुल्कों को छोड़कर) इनमें से अधिकांश विधवा या परित्यक्ता होती हैं।

बंबई-कलकत्ता-दिल्ली तथा बँगलौर की झोंपड़पट्टियों पर किए गए शोध के अनुसार गाँव से शरणार्थी बनकर शहर आने वाली ऐसी स्त्रियों में से अधिकतर घरों में चूल्हा-चौका करने या निर्माण-कार्यों में दैनिक मज़दूरी का काम पकड़ लेती हैं क्योंकि ऐसे कामों में तनख़्वाह कम होने पर भी उनके लिए न्यूनतम अर्हता कुछ नहीं होती। गाँठ में पैसा लेकर आईं या भू-स्वामित्व वाली स्त्रियों की तादाद इनमें बहुत कम है अधिकतर के लिए रोज़ कुआँ खोदना रोज़ पानी पीना, यही सच है। अपने पीछे छोड़े गाँव-समाज से इन औरतों का रिश्ता बहुत क्षीण-सा ही रह जाता है लिहाजा उधर से मदद मिलने की भी आशा नहीं होती। शोध से ऐसे भी संकेत मिले हैं कि अक्सर ग़रीब देशों में अधिक जन्मदर वाले तथा आकार में बड़े-बड़े परिवारों की स्त्रियों के भरण-पोषण में रुचि नहीं रह जाती। लड़कों-पुरुषों को तब भी झेला जाता है पर स्त्रियों को घर से बाहर धकेलने में ग्लानि अनुभव नहीं करते हैं। एशिया तथा लातिन अमरीकी मुल्क़ों से शरणार्थी होकर जबरन नौकरी करने बाहर संयुक्त राष्ट्र अमरीका, यूरोप या खाड़ी देशों को गई अधिकतर लड़कियाँ ऐसे लम्बे-चौड़े कुटुंबों से आती पाई गई हैं, जहाँ बच्चों की भूख बुझाने से लाचार माँ-बाप स्वयं उन्हें घर छोड़कर बाहर देश जाने पर और वहाँ से कमाकर घर के लड़कों के लिए पैसा भेजने को बाध्य करते हैं। भूमिहीन परिवारों में यह दर और भी अधिक पाई गई है। कुछ शोधों से यह बात भी सामने आई है, कि प्रवासी पुरुषों की तुलना में प्रवासी कमाऊ स्त्रियाँ अपने पीछे छोड़े परिवारों की रुपए-पैसे से अधिक मदद करती हैं। और अपनी आमदनी का अपेक्षया अधिक बड़ा हिस्सा पेट काटकर घरवालों को लगातार भेजती रहती हैं। फिर भी घरवाले उनको ख़ास महत्त्व नहीं देते। यदि वे शादी करने घर आती हैं, तो प्रायः अपने ही ख़र्चे से शादी तथा दहेज का प्रबंध करती हैं। जो नहीं कर पातीं, वे अनब्याही ही रह जाती हैं।

हर क्षेत्र में यह भी पाया गया है, कि जन्मना क्षुद्र मानी गई लड़की की हीन-स्थिति स्वदेश छोड़ने के बाद भी उसके साथ चिपकी चली आती है। पुरुषों की तुलना में तो उनकी शैक्षिक स्थिति प्रायः हर देश-राज्य में कमतर होती ही

है, लिहाजा शरणार्थी के रूप में आई अधिकतर स्त्रियों को पुरुषों की तुलना में हर जगह घटिया तथा हाशिए के काम ही मिलते हैं। जिनमें तनख़्वाह तथा सुरक्षा दोनों ही कम होते हैं। मालिक भी स्त्रियों के स्वाभाविक संकोची तथा दब्बू स्वभाव का फ़ायदा उठाकर पुरुष कर्मचारियों की तुलना में उनसे अधिक अन्यायपूर्ण तरीक़े से पेश आते पाये गये।

भारत सरकार द्वारा असंगठित क्षेत्र की स्त्रियों की स्थिति पर तैयार कराई रपट 'श्रमशक्ति' (1988) के अनुसार अपने प्रांत से दर-ब-दर स्त्रियाँ चूँकि हठात् एक नये तथा दबाव भरे कार्यक्षेत्र में एक तरह से जबरन धकेल दी जाती हैं, उनके शोषण के कई मार्ग खुल जाते हैं। घर पर बच्चों तथा बाहर काम का दोहरा बोझ उनके कोई भी ऐसी पार्ट टाइम कक्षा में प्रवेश या पेशेवर तालीम हासिल करने के आड़े आता है, जिसके द्वारा वे इच्छा होने पर पुरुषों की तरह कुशलता हासिल कर कार्यक्षेत्र में अपेक्षया बेहतर नौकरी प्राप्त कर सकें। नये तथा कटु माहौल में उन्हें श्रम संगठनों या सामाजिक अथवा जातीय गुटों का सहारा भी नहीं मिल पाता है।

टाटा इंस्टीट्यूट ऑफ सोशल साइंसेज़ द्वारा बंबई की झोंपड़पट्टियों में किये गये शोध के अनुसार ऐसी स्त्रियों तथा उनके बच्चों में अपराधकर्मी प्रवृत्तियाँ तथा मानसिक रुग्णता दरें सामान्य से कहीं ऊँची होती हैं। अधिकतर स्त्रियों ने बताया कि गाँव के खुले तथा सामाजिक रूप से सुगठित माहौल के बाद अपरिचित शहरी माहौल में उनको गहरी दहशत से गुजरना पड़ता है। झोंपड़पट्टियों के दादाओं तथा पुलिस का आतंक, संकुल झोंपड़ियों में रहने की विवशता और वयस्क बच्चों का इस माहौल में बिगड़ते जाना उनके अवसाद और डर को और भी बढ़ाता है।

स्त्रियों के खिलाफ़ अपराध वैसे तो दुनियाभर में बढ़ते जा रहे हैं, लेकिन शरणार्थी स्त्रियाँ चूँकि पारंपरिक, सामाजिक और आर्थिक सुरक्षा से अपेक्षया अधिक वंचित होती हैं, अतः वे इन अपराधों की और भी ज्यादा शिकार बनती हैं, और उनकी कमज़ोर स्थिति के कारण उनकी सुनवाई भी नहीं होती। अभी हाल में दिल्ली में एक नौ साल की बँगलादेश से भगाकर लाई गई बच्ची के साथ पुलिसकर्मियों द्वारा सामूहिक बलात्कार का जघन्य प्रकरण जब अख़बारों ने उघाड़ा, तो उसके साथ ही यह बात भी सामने आई कि कैसे कई दिनों तक राजधानी के बीचोबीच पुलिसकर्मियों द्वारा उस मासूम और सहमी हुई बच्ची का लगातार शोषण होता रहा था। लेकिन फिर भी (कभी बच्ची के हिंदी न जानने तो कभी उसकी बँगला का 'समुचित' अधिकृत सरकारी अनुवाद करने वाला न

मिलने का बहाना देकर) उसकी पुलिसिया रपट दर्ज़ नहीं की गई। यह अपने क़िस्म की अकेली वारदात नहीं है। ऐसे सैकड़ों मामले दुनिया भर में घट रहे हैं। पूर्वी यूरोप के देशों में सर्ब, मुसलमानों तथा क्रोएशियाओं सभी ने बारी-बारी अपना नपुंसक आक्रोश अपने शत्रुपक्ष की असहाय बेसहारा स्त्रियों पर निकाला है। अरब देशों के अमीर मालिकों द्वारा प्रवासी, घरेलू नौकरानियों पर अमानुषिक-बर्बरतापूर्ण अत्याचारों की ख़बरें भी प्रायः पढ़ने को मिलती हैं। न्याय इनमें से शायद ही किसी मामले में स्त्री का पक्ष लेता हो।

पुलिसिया या क़ानूनी मदद की ही तरह क़ानूनी नागरिकता से वंचित होने के कारण शरणार्थी स्त्रियाँ राशनकार्ड, बिजली तथा पानी जैसी न्यूनतम नागरिक और स्वास्थ्य सुविधाओं से भी वंचित ही रहती हैं। उनसे काम कराने वाले मालिक उनकी ऐसी असुरक्षित स्थिति का पूरा लाभ लेते हुए उन्हें प्रसूति अवकाश या वेतन जैसी सुविधाएँ नहीं देते। उल्टे चोट-चपेट लगने पर और ज़रा-सा प्रतिरोध करने पर नौकरी से हटाकर पुलिस को दे देने की धमकी दे चुप करा देते हैं। अमीर से अमीर मुल्क़ों के ज़िम्मेदार लोग भी ऐसा करते पाये गये हैं। हाल में सं. रा. अमरीका में क्लिंटन सरकार द्वारा अमरीका न्यायपालिका उच्चतम पदों के लिए मनोनीत दो महिला उम्मीदवारों को शर्मनाक ढंग से पद की दौड़ से हटना पड़ा, क्योंकि मालूम पड़ा कि उनके घरों में गैर-क़ानूनी ढंग से अमरीका में लाई गई नागरिकता-विहीन प्रवासी नौकरानियाँ घरेलू काम करने को रखी गई थीं। जानकारी के अनुसार अमरीकी समाज के ऊँचे तबकों में यह प्रथा काफ़ी आम है।

ग़रीबी तथा डर के कारण शरणार्थी स्त्रियाँ प्रायः वेश्यावृत्ति कराने वालों के चंगुल में भी आसानी से आ जाती हैं। आज जर्मनी की सीमा से लेकर कलकत्ता और बैंकाक की गलियों तक ऐसी वेश्याओं की भीड़ लगी हुई है। विशेषज्ञों के अनुसार अंतर्राष्ट्रीय स्तर पर एड्स संक्रमण का सबसे अधिक ख़तरा इसी जमात को है, और क़ानून तथा स्वास्थ्य संगठनों की जद से बाहर होने के कारण शेष नागरिकों में इनकी मार्फ़त घातक एड्स विषाणु बड़ी तेज़ी से फ़ैल रहे हैं।

संयुक्त राष्ट्र संघ की रपट के अनुसार अल्जीरिया, ब्राजील, मिस्र, बोलिविया, पेरू तथा जाम्बिया में धीमे-धीमे नीति-निर्धारकों को अब यह अहसास होने लगा है, कि पूरे समाज के बेहतर स्वास्थ्य तथा राष्ट्रीय उत्पादकता में बढ़ोतरी के लिए इस बेसहारा और शोषित तबक़े के कल्याण पर अविलम्ब ध्यान देना ज़रूरी है। भारत की ही तरह इन देशों में भीतरी यानी अंतर्राष्ट्रीय परिव्रजन

तेज़ी से बढ़ा है। लिहाजा काम की तलाश में एक प्रांत से दूसरे प्रांत में भटकती कामगार स्त्रियों की जमातें वहाँ भी आम बन चुकी हैं। यह स्त्रियाँ अपने-परिवारों की प्रमुख कमाईकर्ता हैं। अतः राष्ट्रीय-आय में बढ़ोतरी के लिए कोई भी योजनाएँ बनाते समय अब उपरोक्त देश इन स्त्रियों की दिक्कतों, ज़रूरतों तथा क्षमताओं को अपने सरकारी आकलनों में सायास जगह देने लगे हैं। इसके साथ ही वहाँ इन कमउम्र घुमंतू कामगारों तथा उनके परिवारों को सुरक्षा देने के लिए स्थानीय श्रम-क़ानूनों में सुधार की भी चेष्टाएँ की जा रही हैं।

हमारे यहाँ भी एक अंतर्राज्यीय प्रवासी श्रम क़ानून (इंटरस्टेट माइग्रेशन एक्ट 1979) है, लेकिन वह अब तक उपेक्षित-सा ही रहा आया है। उसका कारगर पालन चूँकि राज्य सरकारों के सीमित संसाधनों में से एक अतिरिक्त राशि का आवंटन माँगता है, अतः प्रायः सरकारी तबके भी उसकी अनदेखी कर जाते हैं।

आज स्त्रियों के काम तथा राष्ट्रीय उत्पाद में उनके कुल योगदान का बड़ा महत्त्व राष्ट्रीय तथा अंतर्राष्ट्रीय दोनों ही स्तरों पर स्वीकार कर लिया गया है। यह भी मान लिया गया है कि एक पुरुष को साक्षर बनाने से एक व्यक्ति ही साक्षर होता है, जबकि एक स्त्री के शिक्षित होने से एक पूरा कुनबा ! अकाट्य तौर से यह भी प्रमाणित हो चुका है, कि गरीबतम तबके की औरतों तक स्वास्थ्य संबंधी जानकारियों तथा सुविधाएँ पहुँचाये बिना संक्रामक रोगों अथवा आबादी पर अंकुश लगाना कतई नामुमकिन है। इसलिए ज़रूरत है कि संयुक्त राष्ट्र संघ की वर्तमान रपट का महत्त्व तथा शरणार्थी समस्या का यह अनदेखा पहलू हमारी सरकार भी समझे और इन उपेक्षिता स्त्रियों में कौन हिंदू है कौन ग़ैर-हिंदू इसकी स्वार्थी विवेचना की बजाय उन तक ज़रूरी नागरिक सुविधाएँ और आजीविका के संसाधन पहुँचाने की यथाशीघ्र चेष्टा की जाये, वरना लाख प्रयत्नों के बावजूद राष्ट्रीय प्रगति सही रफ़्तार नहीं पकड़ पायेगी। कवि रहीम ने कहा भी था, कि जिस व्यक्ति को याचक बनकर जाना पड़ता है, वह तो जीते जी मरता है, पर उससे भी गया गुज़रा वह है, जिसके मुँह से निकलता है 'नहीं'। क्या इन अधमरी स्त्रियों की ज़रूरतों को जाति-धर्म की तुला पर तौलते हुए हम हर बार राष्ट्र के ज़मीर की हत्या नहीं करते हैं ?

नारी, तुम केवल उपभोक्ता हो

हाल में आगामी वर्ष '93-94 का बजट प्रस्तुत करते हुए केंद्रीय वित्तमंत्री ने पुरमज़ाक लहजे में कहा, कि वे बंगाल में लोकप्रिय बँगलादेश की बेशकीमती जामदानी साड़ियों पर लगा आयात शुल्क घटा रहे हैं, उम्मीद है कि इससे बंगाल की सरकार खुश होगी। सदन में अपेक्षित ठहाके लगे और भारतीय स्त्री की शृंगार प्रिय उपभोक्तावादी छवि एक बार फिर पुष्ट हुई। विगत में इससे पहले भी लगभग इसी तरह के लहजे में चुनाव की पूर्वसंध्या पर प्रस्तुत एक बजट में सिंदूर और बिंदी की क़ीमतें घटाने को महिलाओं को खुश करने वाला क़दम कहकर खूब प्रचारित-प्रसारित किया गया था। कुल मिलाकर ऐसे वक्तव्यों का निष्कर्ष यही निकलता है, कि बजट में प्रतिरक्षा; आयात-निर्यात अथवा कृषि जैसे प्रमुख क्षेत्रों के लिए चाहे जो भी प्रावधान किये जायें, उससे स्त्रियों का कोई सीधा रिश्ता नहीं बनता। लेकिन लिपस्टिक, पाउडर, आयातित प्रसाधन सामग्री, साड़ियाँ तथा कपड़ों पर छूट से स्त्रियाँ निर्विवाद रूप से प्रभावित तथा प्रमुदित होती हैं। उनके घर गेहूँ, चीनी, चावल, तेल, दूध, कपड़ा, किरासन, गैस, सब्ज़ी, लालटेन, कोयला सब महँगे से महँगा होता जाये तो कोई बात नहीं, लिपस्टिक और जामदानी साड़ी तो सस्ती हो गई न। उनकी खुशी को यह काफ़ी है। यह क्रूर सचाई एक सिरे से भुला दी जाती है कि हमारे उच्चमध्य-वर्ग की मुट्ठी भर स्त्रियाँ पूरे देश की प्रतिनिधि नहीं हैं। हमारे कृषि प्रधान देश में अन्न उत्पादन, डेरीपालन, हथकरघा अथवा निर्माण कार्य, इन तमाम क्षेत्रों में हमारी कुल कामगार स्त्रियों की नब्बे प्रतिशत तादाद दिन-रात राष्ट्र के लिए उत्पादन कामों में जुटी हुई है। पर कुछ अपनी नासमझी और कुछ वित्त-योजनाकारों की समझदारी के चलते वह न तो कामगार और उत्पादक की गरिमा समेत देखी जाती है, न ही मानी जाती है। इसी से आज उनमें से तीन-चौथाई निरक्षर हैं और शिशु तथा माताओं की मृत्यु दर उनकी गरीबी और अशिक्षा के चलते घटने को नहीं आ रही।

आइए देखें कि बजट '93 महिला कामगारों के जीवन से सीधे जुड़े क्षेत्रों

को किस दृष्टि से देखता है। वस्तुतः भारत की महिला आबादी का सबसे बड़ा हिस्सा है कृषि क्षेत्र की महिलाएँ। यहाँ पहली चीज़ जो हमें दीखती है, वह है, आयातित कृषि तथा खाद्य प्रसंस्करण सामग्री पर आयात शुल्क में भारी छूट। यानी अब निराई, गुड़ाई, दराई तथा कूट-पीस-छानन जैसे सैकड़ों कृषि से जुड़े वे आनुषंगिक काम जो अब तक लाखों ग़रीब औरतों को रोटी दे रहे थे, सस्ते में आयातित मशीनों के सुपुर्द हो जायेंगे। बड़े जोतदारों के मजूरी पर हो रहे ख़र्च को बचायेगी तो, पर स्त्रियों की छँटनी द्वारा। गुजरात-महाराष्ट्र में तंबाकू के प्रसंस्करण का काम मशीनों को मिलने से तंबाकू-बीड़ी उद्योग से बड़े पैमाने पर औरतों की छँटनी गये बरसों हो चुकी है। इसी तरह पावरलूम लगने से हथकरघा बुनकरों में भी महिलाएँ बेदखल हुई हैं। अब उन्हीं अधपेट औरतों की कतार में कई अन्य धंधों से बेदखल उनकी बहनें भी आ खड़ी होंगी। इनका क्या हो, इस पर बजट चुप है।

और देखें। धान की रोपाई को भी मशीनें आ रही हैं। तर्क दिया जा रहा है कि हाथ से होने वाली रोपाई की अपेक्षा इस तरह लगाया धान ज्यादा सस्ता होगा। पर बेदखल हुई धान रोपने वाली वे औरतें कहाँ जायेंगी, यह शायद वित्त मंत्रालय का सिरदर्द नहीं। न ही यह उनका सिरदर्द है कि ग़रीब महिलाओं के विकास के लिए आबंटित राशि उन्हें कितनी मिल पाती है ? लगभग इसी आशय का उत्तर एक महिला वित्तमंत्री जी से दूरदर्शन पर बजट की प्रस्तुति के बाद अपने (हिंदी में पूछे गये) एक सवाल पर (अंग्रेजी में) पा चुकी हैं। पूर्वांचल की बहनें भी सावधान रहें—उस सुरम्य इलाक़े में उद्योग इकाइयाँ लगाने को उद्योगपतियों को प्रोत्साहित करने के लिए उन्हें पाँच वर्ष तक टैक्स-माफ़ी दी गई है। छत्तीसगढ़ तथा झारखंड अंचलों की भुक्तभोगी बहनें उन्हें बता सकती हैं, कि उद्योग नगरियाँ बनने के बाद इलाक़े की सुरम्यता कहाँ चली जाती है और शनैः-शनैः स्थानीय निवासी बाहर से आये उद्योगों के कैसे दासानुदास बनते चले जाते हैं।

विडंबना यह, कि बजट में जवाहर रोज़गार योजना, समेकित ग्रामीण विकास योजना जैसी मदों में बढ़ोतरी की बात तो खूब प्रचारित होती है, लेकिन मशीनी क्रांति आने के बाद अपने खेतों और पारंपरिक हुनरों से बेदख़ल छोटे खेतिहर कैसे इन अल्पकालिक योजनाओं के आधे-अधूरे अनुदान पर जीवनयापन करने को बाध्य हो अपना स्वाभिमान और स्थानीय संस्कृति दोनों को त्यागने को मजबूर हो जाते हैं, यह बात बड़े कौशल से छिपा दी जाती है। महिलाएँ पूछती हैं तो कहा जाता है कि संस्कृति तथा शिक्षा के क्षेत्र राज्यों के विषय हैं। यदि इन विषयों पर बनी योजनाएँ कारगर नहीं हो रही तो केंद्र क्या करे ?

भारतीय और आयातित उपभोक्ता सामग्री तथा आयात-निर्यात धंधे पर

भारी कर-छूटों का सीधा मतलब बनता है, आयातकों तथा उपभोक्तावाद को बढ़ाना। बाहर की उन्नत तकनीकी द्वारा प्रस्तुत सामग्री से बीस बैठने की संभावना काफ़ी प्रबल है। इंपोर्टेड माल का पुराना प्रेमी मध्यवर्गीय उपभोक्ता, ज़ाहिर है, ऐसे में प्रायः आयातित टी. वी., फ्रिज और स्कूटर ही लेगा, और आयातक भी अपनी विदेशी मुद्रा की कमाई बढ़ाने को आयातित जिंस को देसी जिंस के बरक्स आक्रामक तौर-तरीक़ों से बेचेगा। ऐसे में भारतीय शहरी कामगारों को विदेशी कंपनियों या आयात-निर्यात के क्षेत्र में ही कोई कोना सर छुपाने को तलाशना पड़ेगा। मुंबई तथा बँगलौर की झोंपड़पट्टियों में रहनेवाली लाखों औरतें जिस तरह बहुराष्ट्रीय कंपनियों के टूथपेस्ट, क्रीम, टेल्कम पाउडर जैसे उत्पादों को डिब्बाबंद करने के काम में (उनके फैक्ट्री में कार्यरत मज़दूरों की तुलना में 1/20 दिहाड़ी पर) जुटी हुई हैं, शायद वैसी ही कुछ नियति उन औरतों की भी होगी जो छोटी स्वदेशी फैक्टरियों की तालाबंदी या छँटनी की शिकार होंगी। आयात क्षेत्र में जो स्थिति है, उसके चलते न उन्हें प्रसूति सुविधा मिलेगी, न सावकाश वेतन क्योंकि अब वे असंगठित क्षेत्र की बेचेहरा मज़दूरनी होंगी, जिनका नाम चतुर कंपनी के बही खातों में दर्ज नहीं होता। उन्हें घर बैठे काम दे दिया जाता है चौथाई से भी कम दिहाड़ी पर फ़ी नग के अनुसार, चोट-चपेट लगने पर वे क़ानून से मदद भी नहीं ले सकतीं।

एक और क्षेत्र है जहाँ औरतें बड़ी तादाद में कार्यरत हैं—हथकरघा अब पोलिएस्टर तथा मानवनिर्मित कपड़ा सस्ता होगा, तो हथकरघे का मोटा कपड़ा कौन पहनेगा ? गाँव-जवार में भी महीन कपड़े, महीन अन्न के प्रति उपभोक्ताओं का आकर्षण बढ़ रहा है, अचरज क्या कि अंततः वे सब भी आने वाले बरसों में अपने क्षेत्रीय उत्पादों की बजाय रंगीन, टिकाऊ तथा खूब सस्ते आयातित माल को ही पसंद न करें।

अभी जब ब्रिटेन के प्रधानमंत्री भारत आये थे, तो उनके इस प्रवास की उनके स्वदेशी अख़बारों में बड़ी आलोचना हुई कि कहाँ ब्रिटेन में बेरोज़गारों की तादाद 30 लाख तक पहुँच गई है और ये सैरसपाटे में हैं। पर वापस जाकर उन्होंने जब घोषणा की, कि वे अपने इस दौरे से अपने देशवासियों के लिए 20 हज़ार नई नौकरियों की व्यवस्था करा आये हैं, तो निंदा प्रशंसा में बदल गई। इन नौकरियों की क़ीमत अपने यहाँ कौन चुकाएगा ? यह विचारणीय है।

जिस देश में लाखों औरतें अधपेट खाकर, अधनंगे तन रहने को बाध्य हैं, वहाँ जामदानी साड़ियों पर आयात शुल्क घटना क्या कुछ वैसा ही नहीं, जैसा फ़्रांस की राजरानी मारी आंतोनिएट का यह कहना, कि वे (जनता) रोटी नहीं खा सकती तो उसे कहो वह केक खाये।

स्मरणीय है, कि इसी ऐतिहासिक कथन ने एक अविस्मरणीय राज्यक्रांति की शुरुआत की थी।

अ से अर्थजगत, आ से आदमी, औ से औरत

अभी हाल में राष्ट्रीय योजना आयोग के एक सम्मानित सदस्य ने कलकत्ते में अपने अभिभाषण से हड़कंप मचा दिया। उन्होंने स्पष्ट किया, कि आज, जब आर्थिक पुनर्रचना कार्यक्रम अपने दूसरे दौर में प्रवेश कर रहा है, उद्योग जगत को कामगारों की भारी भीड़ से मुक्त करने के लिए, छँटनी को क़ानूनी स्वीकृति देने वाली 'एग्जिट पालिसी' लागू करना लगभग अनिवार्य हो गया है। यद्यपि उनके अनुसार यह एक ऐसा ज़रूरी क़दम है, जो मालिकों से अधिक मज़दूरों की हिफ़ाजत करेगा, पर यह भी सही है, कि इससे दस लाख लोग अगले दो या तीन वर्षों में संगठित क्षेत्र से बाहर कर दिए जायेंगे, जिसमें से लगभग सत्तर प्रतिशत छँटनियाँ देश के सबसे सघन आबादी वाले पूर्वी राज्यों में होंगी।

ज़ाहिर है, यदि वह अपने सुधारों के सकारात्मक परिणाम चाहती है, तो आर्थिक पुनर्रचना के इस कष्टकारी चरण में सरकार को जन-समर्थन की पीठिका चाहिएगी। और इसके लिए बढ़ती महँगाई और मुद्रास्फीति पर अंकुश लगाने के साथ-साथ, या उससे पेश्तर, सरकार को युवा बेराज़गारी की विकराल समस्या पर ध्यान देना होगा, जिसके बेहद विस्फोटक सामाजिक और राजनैतिक परिणाम हो सकते हैं। ऐसा भी नहीं है, कि सरकार इस समस्या या पूर्वी भारत के वोट बैंकों के महत्त्व से बिल्कुल बेख़बर हो। छँटनी से प्रभावित लोगों के लिए 'नेशनल रिन्यूअल फंड' की स्थापना इसी दिशा में उठाया गया एक क़दम है, लेकिन खुद सरकार भी जानती है कि फिलवक्त उसके लिए जो राशि आवंटित की गई है, वह संभाव्य बेरोज़गारों की ज़रूरतों को निबटा पाने में नाकामयाब होगी। तब फिर सवाल उठता है कि तमाम विरोधाभासी वक्तव्यों के बावजूद यदि यह मान भी लिया जाये, कि इन तीन या चार कष्टमय बरसों के बाद आर्थिक पुनर्रचना के सुफल हमें मिलेंगे, तो इसके कष्टों के बोझ का बड़ा भाग समाज के सबसे कमज़ोर वर्ग पर क्यों डाला जा रहा है ? छँटनियों के सबसे पहले शिकार तो वे ही नौकरीपेशा कम हुनरवाले जन बनेंगे जिन्हें राज्य व्यवस्था से सुरक्षा और बुनियादी ज़रूरतों की पूर्ति की सबसे अधिक ज़रूरत है।

यह ग़ौरतलब है, कि उत्पादन सुविधाएँ बढ़ाई जाने भर से रोज़गार के अवसरों में स्वतः बढ़ोतरी नहीं हो जाती है। हाल के कुछ शोध-कार्य स्पष्ट करते हैं, कि कम-से-कम महिला मज़दूरों के मामले में तो ऐसा एकदम नहीं है। 1922 से 1982 तक मशहूर बहुराष्ट्रीय कंपनी हिंदुस्तान लीवर के दो बड़े उत्पादन संयंत्र बंबई और कलकत्ता महानगरों में काम कर रहे थे। 1982 के बाद कंपनी ने क्रमशः 20 अन्य संयंत्र विभिन्न नगरों में लगाये, और कई छोटी यूनिटों की भी स्थापना की, जिन्हें ठेके पर काम करने का जिम्मा दे दिया गया। '60 के दशक में कंपनी के जिस बंबई संयंत्र में 1500 मज़दूरों में स्त्रियों की तादाद 600 थी, उसमें 1990 में इतने विस्तार के बाद, छँटनी होने के बाद मात्र 3 महिला मज़दूर कार्यरत पाई गईं, इसी तरह बंबई में निर्यात प्रोत्साहन क्षेत्र (एक्सपोर्ट प्रमोशन जोन) में '90 के दशक की शुरुआत तक महिला मज़दूरों की तादाद 98 प्रतिशत थी। पर हाल में वहाँ के श्रम आयुक्त ने एक साक्षात्कार में बताया कि फिलवक्त वहाँ महिला मज़दूरों की तादाद घटकर लगभग साठ प्रतिशत रह गई है। जहाँ तक बड़ी कंपनियों-मिलों की (भिवंडी या सूरत जैसी) आनुशंगिक इकाइयों का सवाल है, वहाँ तो अब महिला मज़दूर हैं ही नहीं।

यहाँ पर अक्सर तर्क दिया जाता है, कि जब बड़े उत्पादन संयंत्र बंद किये जाते हैं, या उनका कार्यक्षेत्र घटाया जाता है, तो वहाँ की रोज़गार-क्षमता हटकर छोटे संयंत्रों तथा आनुषंगिक इकाइयों को उपलब्ध हो जाती है, और विस्थापित मज़दूरों या मज़दूरनियों की खपत बड़ी आसानी से वहाँ हो जाती है। लेकिन यहाँ अक्सर यह बात एक सिरे से भुला दी जाती है, कि आज अधिकतर नये लगाये गये संयंत्र उस उन्नत तकनीकी का प्रयोग करते हैं, जो कम-से-कम कारीगरों द्वारा चलाई जायें। उदाहरण के लिए मे-बेकर कंपनी (रोन-पोलेक) के बंबई के बड़े कारखाने में 300 मज़दूर थे। आज पैठण में उनके प्लांट को कुल 55 मजदूर चला रहे हैं। इनमें भी बहुतायत पुरुषों की ही है। इसलिए बड़े संयंत्र से छोटे पर विस्थापन को महिला-रोज़गार अवसरों की बढ़ोतरी से जोड़ना भी तर्कसंगत न होगा।

पारंपरिक रूप से संगठित क्षेत्र में औरतों को स्थिर तथा स्थायी रोज़गार के अवसर निजी की अपेक्षा सार्वजनिक क्षेत्र में कहीं अधिक मिलते हैं। उदाहरण के लिए खनन के सार्वजनिक क्षेत्र में '74 से '88 के बीच औरतों की भागीदारी के प्रतिशत में लगभग डेढ़ सौ प्रतिशत बढ़ोतरी हुई, जबकि निजी क्षेत्र में उसमें छियासी प्रतिशत से अधिक की गिरावट पाई गई। लेकिन आज आर्थिक उदारीकरण के तहत सार्वजनिक क्षेत्र पर बीमार इकाइयाँ बंद करने तथा रोज़गार

घटाने के लिए दबाव बढ़ रहा है। नतीजतन वहाँ भी औरतें धीरे-धीरे छँट रही हैं। हमारे राष्ट्रीयकृत बैंक (जिनके कुल स्टाफ़ में 20 प्रतिशत महिला कर्मचारी हैं) ने चार लाख नौकरियाँ अतिरिक्त घोषित कर दी हैं। रेलवे में तो भर्ती ही बंद है। उधर ख़बर है कि डाक-तार विभाग भी दो लाख कामगारों की छँटनी करने जा रहा है। उपरोक्त ब्यौरे देखते हुए पर्यवेक्षकों को भय है, कि इन छँटनियों के घेरे में आने वालों में महिलाओं की तादाद पुरुषों से कहीं अधिक होगी, और फिर उनके पास असंगठित क्षेत्र के आपाधापी तथा शोषण-भरे क्षेत्र में जाने के अलावा कोई विकल्प न होगा।

ब्राजील जैसे कुछ बाहरी देशों में, जहाँ आर्थिक उदारीकरण की प्रक्रिया के तहत सार्वजनिक तथा निजी क्षेत्रों में भारी छँटनियाँ की गईं, यह पाया गया (शोध-हिराटा तथा हम्फ़रे 1991), कि ग़ैर-हुनरमंद मज़दूर; पतिहीन (परित्यक्ता या विधवा) स्त्रियाँ तथा बूढ़ों को छँटनी शुरू होने पर सबसे पहले नौकरियों से हाथ धोना पड़ता है। जीवनयापन के लिए इसके बाद उनके लिए असंगठित क्षेत्र में जाकर दिहाड़ी या बहुत कम तनख़्वाह वाली अस्थायी नौकरियाँ पकड़ना ही एकमात्र विकल्प रह जाता है। 1992 में अपने एक आलेख में इस क्षेत्र की जानी-मानी विशेषज्ञा इला भट्ट ने आशंका व्यक्त की भी थी, कि भारत के भीड़ भरे असंगठित क्षेत्र पर इससे बेतरह दबाव बढ़ा है, और यदि उपाय न किये गये तो आने वाले बरसों में और भी बढ़ेगा। वह आशंका अब सच प्रमाणित हो रही है।

तो आज एक ओर तो बेरोज़गारी के बढ़ते साये हैं और दूसरी ओर महँगाई की खाई। उधर सुधारवाद की ही तहत ग़रीबों तक नियंत्रित मूल्यों पर ज़रूरी खाद्य सामग्री पहुँचाने वाली सार्वजनिक वितरण प्रणाली के स्वरूप को भी बदला जा रहा है। इससे संभावना बनती है कि ज्यों-ज्यों पारिवारिक आय घटेगी और महँगाई बढ़ेगी, परिवारों के भीतर औरतों पर खींचतान करके किसी तरह गृहस्थी चलाने के कठोर दबाव और भी बढ़ेंगे। नतीजतन उनको कम खाकर और भी अधिक घंटे काम करना होगा। इससे उनके तथा घर की लड़कियों के स्वास्थ्य तथा बढ़त पर विपरीत असर पड़ सकता है, क्योंकि पारंपरिक तौर से अपने यहाँ एक तो स्त्रियों-लड़कियों को घर के पोषाहारों में तुलनात्मक रूप से कम हिस्सा मिलता है, दूसरे आमदनी घटने और ख़र्चा बढ़ने पर पहले लड़की की पढ़ाई छुड़ाई जाती है, और फिर उसे भी माँ के साथ काम में जोत दिया जाता है।

किसी भी लोकतंत्र में राष्ट्रस्तरीय तथा सार्थक पुनर्रचना के लिए यह ज़रूरी है, कि पहले तो तयशुदा लक्ष्यों की तहत वांछित दिशा स्पष्ट की जाये। फिर उस

दिशा में बढ़ने के लिए सरकार द्वारा जनता को बतौर प्रोत्साहन कुछ ख़ास छूटें दी जायें, और लक्ष्यों के लिए हानिकारक दिशा की ओर मुड़ने से उन्हें भरसक निरुत्साहित किया जाये। साथ ही इस दौरान जो भी कष्ट या दबाव बनें, उनका बोझ यथासंभव संपन्न-समृद्ध वर्गों पर ही डाला जाये। हमारे जैसे जनसंकुल और विषम आर्थिक-सामाजिक परिदृश्य में यह और भी ज़रूरी बनता है, कि बचत तथा मितव्ययिता ज़रूरी लक्ष्य बनें। इसके लिए आवश्यक है कि साधन-संपन्न वर्गों को देश के सीमित संसाधनों के अधिकाधिक उपभोग में बेतहाशा पैसा ख़र्चने की बजाय बचत और निवेश की राह पर लाया जाये, और ग़रीब वर्गों की अंतर्राष्ट्रीय बाज़ार व्यवस्था के जानलेवा दबावों तथा मुद्रास्फीति से यथासंभव रक्षा की जाये, ताकि उनके सस्ते श्रम का दुरुपयोग न हो, और जीवनयापन के लिए ज़रूरी संसाधनों तक उनकी पहुँच बनी रहे। इसके साथ ही यह भी ज़रूरी है कि हमारे जैसे वित्तीय घाटे की भरपाई के लिए ताबड़तोड़ छँटनी जैसे आसान, लेकिन ग़रीबों पर कहर बरपा करने वाले क़दम को ही एकमात्र विकल्प न माना जाये। यथासंभव उस घाटे की पूर्ति प्रत्यक्ष करों में बढ़ोतरी और सरकारी ख़र्चे में सार्थक कटौती द्वारा करने की मानसिकता क्यों न बने। इस दिशा में 1,80,000 करोड़ के काले धन की विशाल राशि तथा स्विस बैंकों में जमा (अनुमानित तौर से) 150-450 हज़ार करोड़ की पूँजी को साम-दाम-दंड-भेद द्वारा खींच कर बाहर लाने को प्रभावी क़दम उठाना, भी न्यायसंगत तथा समयोचित होगा। ग़रीबों के पास महँगाई और बेरोज़गारी के दबाव सहने के लिए हाशिए पर बहुत अधिक जगह नहीं होती, अतः एक सीमा के बाद उनकी हताशा तथा आक्रोश भलभला कर फूट पड़ते हैं। यह आक्रोश सार्वजनिक रूप से तोड़-फोड़ और दंगों के रूप में सामने आते हैं; तथा परिवारों के भीतर माँ-बाप द्वारा चरम हिंसक और विध्वंसक प्रताड़ना के रूप में। अभी हाल में ऐसी कई घटनाएँ एक के बाद एक प्रकाश में आई हैं, जहाँ आवेश में पति ने पत्नी समेत बच्चों की हत्या करके स्वयं आत्महत्या कर ली, या एक खिन्न पत्नी ने किरासन छिड़ककर अपने साथ पूरे परिवार को भस्म कर लिया। क्रुद्ध भीड़ द्वारा बसें जलाना, थाना या बिजलीघर कर्मचारियों की पिटाई इधर आम होते जा रहे हैं। क्या ऐसी हिंसक-अराजकता के बीच लाया विकास कभी टिकाऊ हो सकेगा ?

संयुक्त राष्ट्र विकास संगठन (यू.एन.डी.पी.) की रपट इस बारे में सही सवाल उठाती है... एक ऐसी अंतर्राष्ट्रीय व्यवस्था में, जहाँ आय की ग़ैर-बराबरी ही न बढ़ रही हो, मानवीय पूँजी...) आयुष्य, पोषाहार, बालमृत्यु तथा प्रौढ़-साक्षरता दर आदि) में अंतर्राष्ट्रीय तथा राष्ट्रीय पटल पर विसंगतियाँ भी बढ़ रही हों, तो सत्ता के गलियारों में यह सवाल प्रायः अनुत्तरित ही रह जाता है कि इनमें ग़रीबों और सामर्थ्यहीनों के हितों की रक्षा कौन करेगा ? अमीर

देशों, बहुराष्ट्रीय कंपनियों तथा बड़ी पूँजी की बाज़ार पर जो पकड़ है, उसके चलते विकासशील देशों के मानवीय विकास और ग़रीबों के हित-संरक्षण के मुद्दे दबते जा रहे हैं... यदि कमाने के नए अवसरों का वितरण समान रूप से नहीं होता, तो ग़रीबी की समस्या उफना कर राष्ट्रीय सीमाओं से बाहर भी फूट सकती है। यही वजह है, कि हाल के समय में गरीबों के बीच कार्यरत कई स्वैच्छिक संस्थाओं तथा मज़दूर और महिला संगठनों ने बार-बार माँग की है, कि सरकार पुनर्रचना की परिकल्पना तथा दिशा निर्धारण के काम को बहुराष्ट्रीय कंपनियों या महाजनी संस्थाओं के निर्देश की बजाय जन-प्रतिनिधियों तथा जनता से जुड़े संगठनों के साथ खुले विमर्श द्वारा अंजाम दे। जाने-अनजाने ग़लती सरकार ने ज़रूर की है, कि आर्थिक पुनर्रचना तथा उदारीकरण से जुड़े कई ज़रूरी नीतिगत पहलुओं तथा मुद्दों का प्रारूप उसने अंतर्राष्ट्रीय समझौतों पर दस्तख़त करने के पहले वांछित पारदर्शी स्पष्टता के साथ जनता के आगे नहीं रखा। इससे एक ओर तो कई शंकाएँ, सर उठाने लगीं, और दूसरी ओर कई एक ऐसे अव्यावहारिक तथा स्थिति-काल निरपेक्ष ब्यौरों को इन योजनाओं में जगह दे दी गई, जो आज सरकार से न उगलते बनते हैं न निगलते।

वृहत्तर संदर्भों में वित्तशास्त्री अरसे से यह बात दोहराते आये हैं, कि अंतर्राष्ट्रीय अर्थ-व्यवस्था के वर्तमान ढाँचे में कुछ बुनियादी संशोधन किये जाने ज़रूरी बनते हैं, ताकि यह न हो कि बाज़ारों के अंतर्राष्ट्रीयकरण के फल तो लगातार संपन्न देशों की झोली में पड़ते रहें, और ग़रीबी, पर्यावरण-विनाश, बेरोजगारी तथा सामाजिक तनावों के रूप में उसकी कटु कीमत विकासशील देशों को चुकानी पड़े। साथ ही इस बाज़ार-व्यवस्था के हर भागीदार राष्ट्र को, उसके लघुतर आकार और आर्थिक स्थिति के बावजूद अपने हितों की रक्षा का बराबर हक मिले। सही नैतिक या मानवीय आधारों पर, पर विशुद्ध अर्थशास्त्रीय दृष्टि से भी उद्योग जगत् की रक्षा को न अब यही बदलाव राष्ट्रीय संदर्भों में लाने के बारे में हमारी सरकार को भी तुरंत कदम उठाने होंगे, वरना आर्थिक उदारवाद से जुड़े तमाम सुनहरे सपने एक कपट मृग की तरह हमें छलकर कहीं विलुप्त न हो जायें।

नारी, तुम केवल टारगेट हो

वर्ष 1961 में भारत सरकार ने कामकाज़ी औरतों के हित में जो प्रसूति सुविधा क़ानून पारित किया था, उस पर आज ख़तरे की तलवार लटक रही है। इस क़ानून के तहत फैक्टरियों, खदानों, बाग़ानों, सरकारी संस्थानों तथा सर्कस समेत अन्य कोई भी ऐसे संगठन या समूह जहाँ दस या दस से अधिक कर्मचारी कार्यरत हों, में करने वाली महिलाओं को कम-से-कम 80 दिन काम करने के बाद यह हक़ मिलता है कि वे अपने मालिकों से प्रसूति सुविधाएँ पा सकें। सुविधाओं में 12 सप्ताह का प्रसूति के पहले तथा उपरांत अवकाश तथा इस दौरान पूरी तनख़्वाह अथवा (दैनिक मज़दूरी करने वाली औरतों के लिए) कम-से-कम 10 रुपया रोज़ का भत्ता/वेतन पाना शामिल है। यदि कोई महिला कर्मचारी प्रसव के दौरान या उसके एक दिन बाद चल बसे, तो भी उसके मालिकों को 6 सप्ताह का वेतन देना होता है। प्रसव के अलावा कुदरती गर्भपात हो जाने पर भी एक महिला कर्मचारी 6 सप्ताह की छुट्टी ले सकती है। प्रसूति बिगड़ने पर डॉक्टरी सलाह के आधार पर वह एक माह की अतिरिक्त छुट्टी भी पा सकती है तथा काम पर वापस लौटने पर बच्चे को दूध पिलाने के लिए वह दो बार 'ब्रेक' ले सकती है।

एक स्त्री का शरीर, गर्भाधान, प्रसूति तथा प्रसवोपरांत जिन जटिल प्रक्रियाओं से गुज़रता है, उसे देखते हुए मानवीय और चिकित्साशास्त्रीय, दोनों ही दृष्टियों से हर कामकाजी माँ के लिए ये सुविधाएँ अनिवार्य ठहरती हैं। लेकिन संपूर्ण परिवार नियोजन की लक्ष्य प्राप्ति को उत्सुक हमारे सरकारी नीति-निर्माताओं को लगने लगा है कि दो बच्चों को जन्म देने के बाद किसी भी माँ को यह सुविधाएँ पाने का हक़ नहीं होना चाहिए वरना वह बच्चे जनती चली जायेगी। वह बीमार पड़े, मरे, नवजात के स्वास्थ्य को घातक धक्का पहुँचे तो उसकी बला से। कविगण चाहे जो भी कहें, सरकार की तटस्थ नज़रों में नारी न तो श्रद्धा है,

न पीयूष का स्रोत। दो से अधिक बच्चे पैदा करने वाली हर नारी उसके लिए एक वेध्य 'टारगेट' मात्र है। जिसको छोटे परिवार की सरकारी परिधि में जबरन लाने के लिए यही ठीक सज़ा होगी कि उसे हर अतिरिक्त बच्चे पर नई ताड़ना मिले।

परिवार नियोजन लागू करने का पूरा दाय औरत पर डालने वाले हमारे भारत भाग्य विधाता शायद यह भूल गये हैं कि भारतीय समाज में वस्तुस्थिति क्या है ? वे तो औरत को अकेले ही बच्चे पैदा करने का दोषी पाते हैं। पुरुष सरकारी कर्मचारी को ऐसे 'अपराध' की 'सज़ा' का उनकी दृष्टि में कोई औचित्य नहीं। क्या यह भेदभाव इसलिए तो नहीं, कि उसे पुरुषों की नसबंदी कराने के अपने दो दशक पुराने असफल प्रयासों से उपजे क्रोध और राजनैतिक दुष्परिणामों की याद है ? सरकारें क्या इसी वज़ह से आज तक भारतीय पुरुषों के कंधों पर परिवार नियोजन का जुआ रखने से कतराती नहीं रही हैं ? यहाँ उल्लेखनीय है, कि एक प्रस्ताव ऐसा आया था कि दो से अधिक बच्चे वाले हर नागरिक को आम चुनावों की उम्मीदवारी से रोक दिया जाये, पर वह जल्द ही निरस्त कर दिया गया। शायद इसलिए कि यदि यह कड़ाई से लागू किया जाता, तो वर्तमान संसद तथा विधानसभा के कई वजनी सदस्य इसकी हद में आ जाते। सो हमारे महामहिम मंत्री और सांसद चाहे अपना कुनबा जितना बढ़ा लें, उनके चुनाव लड़ने के अधिकार कहीं छीने न जायेंगे, पर एक ग़रीब महिला टेलीफ़ोन ऑपरेटर या खदान मज़ूरिन ने तीसरा बच्चा जना नहीं कि उसकी रोज़ी पर आ बनेगी।

हमारी जो सामाजिक व्यवस्था तथा धार्मिक रूढ़ियाँ हैं, हमारे हिंदू क़ानून में सांपत्तिक अधिकारों की जो व्याख्या है, उनके तहत अनपढ़ निम्नवर्गीय परिवारों से लेकर बड़े-बड़े घरानों तक में बेटे की उत्कट कामना विद्यमान है। इसके तहत बेटियों की हर माँ पर लगातार प्रत्यक्ष और परोक्ष दबाव बने रहते हैं कि वह एक बेटे को जन्म दे। इसी दबाव के चलते अम्नीयोसेंटेसिस नामक गर्भ-जल परीक्षण से भ्रूण का लिंग पता करके हज़ारों माता-पिता आज कन्या भ्रूणों को गर्भ में ही नष्ट करवा देते हैं। इसी कारण जन्म से लेकर 5 वर्ष तक की आयु के बीच मरने वाले बच्चों में भी कन्याओं का अनुपात भी अप्राकृतिक रूप से ऊँचा पाया गया है। कन्या से उत्कट घृणा और बेटों की कामना में हर तरह के वैज्ञानिक और तंत्र-मंत्र पर आधारित उपाय सहर्ष करने वाले हमारे समाज में कितनी औरतें स्वेच्छा से दो बेटियों को जन्म देकर उसके बाद गर्भधारण बंद करने में सक्षम हैं ? सामाजिक रूढ़िवादिता का एक दंड तो वह अपनी बेटियों

की हीन स्थिति के रूप में भोग ही रही है, तिस पर आवश्यक प्रसूति सुविधाएँ छीनकर क्या हम उस ग़रीब को दोहरा दंड न दे देंगे।

दरअसल अगले बरस कैरो में विश्व जनसंख्या पर एक बड़ा अंतर्राष्ट्रीय सम्मेलन होने जा रहा है। उसमें हमारे जैसे विकासशील देशों के लिए आबादी नियमन के क्षेत्र में अपनी सफलता बढ़ा-चढ़ा दिखाना वित्तीय व्यवस्था के अंतर्राष्ट्रीय प्रायोजकों और महाजनी संस्थाओं की सराहना तथा समर्थन जीतने का एक उत्तम तरीक़ा होगा। इसके लिए सबसे आसान तथा सहज 'टारगेट' बनती है ग़रीब, शक्तिहीन औरतों की कोख, जिसे कभी डेपो प्रोवेरा, नैट-एन तथा नोरप्लांट जैसे विवादास्पद गर्भनिरोधक इंजेक्शनों और गोलियों द्वारा कभी प्रसूति सुविधाओं को छीनने की सजा द्वारा कंट्रोल किया जा सकता है। सरकारी आँकड़े गवाह भी हैं कि देश में अब तक किये गये कुल वंध्याकरण ऑपरेशनों में से 96 प्रतिशत महिलाओं पर किये गये हैं, जबकि डॉक्टरी तौर से महिलाओं की तुलना में पुरुषों की नसबंदी अधिक आसान तथा जोखिमविहीन होती है।

जहाँ तक हमारी कामकाजी औरतों द्वारा यह प्रसूति सुविधाएँ सचमुच पाने की बात है पड़ताल से पता चलता है कि वह तो वस्तुतः संगठित क्षेत्र में कार्यरत मुट्ठीभर शहरी कामकाजी औरतों को ही मिल पाती हैं। गाँव की कामगार औरतों ने तो शायद इस क़ानून का नाम भी नहीं सुना होगा। न ही बच्चे को दूध पिलाने के लिए दस मिनट को बाहर जाने पर दिहाड़ी में से रुपया-दो रुपया काट लेने वाले उनके मुकादमों-ठेकेदारों या खदान मालिकों को इसको बनाये रखने में कोई रुचि होती है। अतः ज़ाहिर है, इस सुविधा के हटने का जहाँ कई कामकाजी औरतों को निश्चित रूप से नुकसान होगा, वहीं इसका कोई बड़ा फ़ायदा राष्ट्रीय परिवार नियोजन कार्यक्रम को होने से रहा।

यह बड़े दुःख और अचरज की बात है कि प्रसूति क़ानून में ऐसे मनमाने परिवर्तन के मसौदे पर जहाँ कई महिला तथा बाल कल्याण संगठनों ने समवेत विरोध प्रकट किया है और राष्ट्रव्यापी बहस की माँग उठाई है, वहीं राष्ट्रीय महिला आयोग जैसी शीर्ष महिला संस्था ने इस पर चुपचाप अपनी स्वीकृति की मुहर लगा दी है। क्या कन्या भ्रूण की हत्या तथा नारी गरिमा की मुखर प्रवक्ता आयोग की वरिष्ठ सदस्याएँ यह नहीं स्वीकार करेंगी कि ज़रूरी प्रसूति सुविधाओं से माँओं का वंचित किया जाना माँ और बच्चे दोनों के भविष्य को ख़तरे में डालेगा ? और पुत्रकामी सामाजिक रूढ़ियों के चलते जब गर्भ जल परीक्षण जैसे खतरनाक प्रयोगों से बार-बार गुज़रने को कामकाजी स्त्रियाँ और भी अधिक बाध्य की जाने लगेंगी ?

साथ ही अब क्या तुरंत काम पर लौटने को बाध्य माँओं के दूध से वंचित बच्चों में मृत्यु दर और भी बढ़ने की आशंका नहीं पैदा हो जायेगी ?

बढ़ती आबादी की समस्याओं को देखते हुए कोई भी समझदार व्यक्ति परिवार नियोजन का विरोध नहीं करेगा, लेकिन कोई भी सही परिवार नियोजन कार्यक्रम परिवारों, समाज तथा अर्थव्यवस्था के ढाँचे की व्यावहारिक सचाइयों से हटकर नहीं बनाये जा सकते। हमारे महिला-संगठनों ने परिवार नियोजन को हमेशा अपना समर्थन दिया है। और अंततः स्त्री को ही गर्भधारण करने का अधिकार हो, इस तथ्य को भी केंद्र में रखा है, लेकिन वे इस सरकारी धारणा से कतई असहमत हैं कि सामाजिक तथा आर्थिक विषमताओं और पर्यावरणक्षरण के लिए हमारी बढ़ती आबादी ही दोषी है। प्रगति की कुंजी तो आर्थिक और प्रशासनिक सुधारों में है, क्योंकि आर्थिक विषमताओं के चलते ही ग़रीब परिवारों पर यह बाध्यता बढ़ती गई है कि वे अधिक बच्चे पैदा करें, जो बड़े होने पर अधिक कमाई घर ला सकें। नई आर्थिक योजनाओं से छँटनियाँ और बेरोज़गारी बढ़ेगी, तो ऐसे परिवारों में बाल मृत्यु दर भी बढ़ेगी और औरतों पर परिवार बढ़ाने के दबाव भी बढ़ेंगे। अचरज है कि बाहर जाने पर अंतर्राष्ट्रीय मंचों पर विकसित देशों की हवस और उपभोक्तावादी प्रवृत्ति को पर्यावरण की क्षति तथा विकासशील दुनिया की ग़रीबी के लिए (सही तौर से) ज़िम्मेदार ठहराने वाले हमारे सरकारी प्रवक्ता भी, राष्ट्रीय मंच पर खड़े होते ही इसका दोषी खुद अपनी आबादी को मानने लगते हैं।

राष्ट्रीय परिवार नियोजन नीतियों पर कोई भी राष्ट्रव्यापी बहस तब तक सार्थक नहीं हो सकती, जब तक पहले देश में व्याप्त विषम आर्थिक तथा सामाजिक स्थितियों की असली वजह, राष्ट्र के उत्पादों तथा संसाधनों पर चंद लोगों-घरानों के वर्चस्व तथा उनकी भोगवादी लिप्सा को राष्ट्रस्तरीय चुनौती न दी जाये। स्वास्थ्य और शिक्षा सेवाओं के निजीकरण, उपभोक्तावाद और मुक्त बाज़ारवार को बढ़ावा और सरकारी अस्पतालों की बढ़ती फीस, इन सबने मिलकर आज ऐसा मकड़जाल रचा है कि ग़रीब परिवारों की शिक्षा, रोटी-कपड़ा, मकान तथा स्वास्थ्य संरक्षण तक सहज पहुँच ही नहीं हो पा रही है। ज़रूरत इस बात की है कि पहले ग्राम सभाओं, पंचायतों तथा शहरी स्तर के संगठनों की मार्फ़त इन तमाम सुविधाओं-कार्यक्रमों में ग़रीबों की सहज भागीदारी संभव बनाई जाये और साथ ही उच्चतम नीति निर्धारकों में परिवार नियोजन के प्रति एक समग्र दृष्टि भी विकसित की जाये, ताकि वे इन कार्यक्रमों की सफलता के लिए सामुदायिक जड़ों तथा सहभागी प्रयासों का महत्त्व पहचान सकें। तब

वे एक साथ बैठकर विचार करें कि आबादी की बढ़त रोकने के सही तरीक़े क्या हों ? सिर्फ़ उच्चस्तरीय 'पापुलेशन कमीशन' गठित करने, चंद 'टास्क फोर्स' बनाने अथवा टी.वी. पर डेढ़-दो मिनट के प्रचार कार्यक्रम दिखाने से बात नहीं बनेगी। ज़रूरत इस बात की है कि जिसको आज टारगेट (लक्ष्य) माना जा रहा है उन्हें राष्ट्र का ज़िम्मेदार मानवीय संसाधन माना जाये और उनकी सलाह तथा साझीदारी से ही इस कठिन गुत्थी का ईमानदार हल खोज़ा जाए।

छोटे पर्दे पर स्त्री

जिस देश की तीन चौथाई महिलाएँ निरक्षर हों, वहाँ छपे हुए शब्द के बजाय दृश्य-श्रव्य माध्यमों का महत्त्व निश्चय ही बहुत अधिक होता है। रेडियो और दूरदर्शन इन दोनों ही माध्यमों की पहुँच आज तक़रीबन हर घर में हो चुकी है, अतः कहना न होगा कि स्त्रियों तक विकासपरक तथा लोकतांत्रिक सूचनाओं और विचारों को पहुँचाने के लिए इससे बढ़िया राष्ट्रीय माध्यम और कोई नहीं हो सकता। 1992-93 की अपनी सालाना रपट में दूरदर्शन ने अपने कुछ उद्देश्यों को इस प्रकार व्याख्यायित किया था।

—सामाजिक बदलाव का वाहक बनना।

—महिलाओं, बच्चों तथा पिछड़े वर्गों समेत देश के हर तबके की विकास-परक ज़रूरतों पर प्रकाश डालना।

महिलाओं का दृश्य-श्रव्य माध्यमों पर चित्रण विषय पर 1975 की महिलाओं की स्थिति का आँकलन करने वाली समिति की रपट के अनुसार, इन माध्यमों पर स्त्रियों की छवि, समाज में व्याप्त स्त्री-विषयक धारणाओं का ही आईना है। शिक्षा, परिवार-नियोजन, सामुदायिक विकास, स्वास्थ्य तथा पोषाहार संबंधी योजनाओं की अंतिम सफलता या असफलता उनमें स्त्रियों की भागीदारी के आधार पर ही तय होती है। इस दृष्टि से भारतीय प्रचार माध्यमों में स्त्री की छवि का चित्रण प्रायः असंगत, अपर्याप्त और प्रगतिविमुख दीखता है। इसमें बेहतरी लाने के लिए सरकारी माध्यमों में इस प्रकार के चित्रण के सही प्रतिमान बनने ज़रूरी हैं।

1983 में दिल्ली स्थित शोध संस्था सेंटर फार वीमेंस डेवलपमेंट स्टडीज़ की रपट के निष्कर्ष थे कि अधिकतर प्रचार विषयक कार्यक्रमों में स्त्रियों को एक घरेलू जीव की ही बतौर पेश किया गया था और .ज्यादातर स्त्री विषयक कार्यक्रमों से यही ध्वनि निकलती थी कि स्त्री का सबसे बड़ा धन सौंदर्य है और उसके जीवन का महानतम उद्देश्य अपने पति-परिवार को प्रसन्न रखना है। शोधार्थियों द्वारा कार्यक्रमों में स्त्री को प्रायः दब्बू-पराधीन और अत्याचारों के प्रति

अमानवीय रूप से सहनशील बताया गया था। इसके बरबस आधुनिक स्त्रियों की छवि को प्रायः उपहासास्पद ढंग से ऐसे प्रस्तुत किया गया था, मानो वे सुख-शांति की शत्रु हों, विशेषकर कामकाज़ी महिलाएँ।

1994 में भारत सरकार की एक समिति (वर्किंग ग्रुप ऑफ सौफ़्टवेयर' फार दूरदर्शन) ने भी अपनी रपट में स्पष्ट उल्लेख किया कि सरकारी दृश्य-श्रव्य माध्यमों में भारतीय स्त्री के जीवन के सार्थक तथा सत्यपरक चित्रण की कमी है। और समय आ गया है कि सरकार इसके लिए कार्यक्रम निर्माताओं को स्पष्ट नीतिनिर्देश दे। इसके साथ ही स्त्री की छवि को विकृत तथा फूहड़ तरीक़े से प्रस्तुत करने वाली तथा स्त्री विरोधी हिंसा को उकसाने वाली व्यावसायिक देशी-विदेशी फ़िल्मों तथा नाच-गानों को दिखाये जाने पर भी रोक लगनी चाहिए। टी. वी. पर आने वाले विज्ञापनों को भी छानबीन के बाद ही दिखाये जाने की स्वीकृति दी जानी चाहिए ताकि स्त्रियों का विकृत, फूहड़ तथा अभद्र चित्रण लोगों के मनों पर नकारात्मक असर न डाले। समिति का यह भी सुझाव था कि बच्चों के कार्यक्रमों में भी लड़के-लड़कियों को सामाजिक जकड़बंदी से भरे स्त्री-पुरुष के पारंपरिक रोल के विपरीत स्त्री-पुरुष में स्वरूप सार्थक साझीदारी का चित्रण करने वाले कार्यक्रम शुमार किये जायें तथा इन कार्यक्रमों के बनाने में ग्रामीण महिलाओं, ग़ैर सरकारी स्वायत्त समाजसेवी संस्थाओं तथा युवा निर्देशकों को भी विशेषरूप से शामिल किया जाए।

1990 में प्रस्तुत प्रसार भारती विधेयक ने भी स्त्रियों की स्थिति और समस्याओं के संवेदनशील चित्रण द्वारा राष्ट्रीय चेतना विकसित करने की पुरज़ोर पेशकश की थी।

इन तमाम सुझावों और रपटों के निष्कर्षों की पृष्ठभूमि में अभी हाल में फ़्रेडरीश एबर्ट संस्थान की एक ताज़ा रपट सामने आई है। शोधार्थी नंदिनी प्रसाद द्वारा आंकलित इस रपट में अक्टूबर '92 से दिसंबर '92 तक दूरदर्शन के कार्यक्रमों में महिलाओं की स्थिति तथा समस्या से जुड़े कार्यक्रमों का विवेचन किया गया है, इन कार्यक्रमों में समाचार बुलेटिन, व्यावसायिक विज्ञापन, सीरियल और फ़िल्म तथा फ़िल्म आधारित कार्यक्रमों को शामिल किया गया था।

राष्ट्रीय समाचारों का किसी भी विषय के महत्त्व को रेखांकित करने में बड़ा योगदान होता है। रपट के अनुसार शोधकाल के दौरान प्रसारित कार्यक्रमों में स्त्री-विषयक ख़बरों को बहुत कम वरीयता दी गई। औसतन बीस मिनट के ख़बर बुलेटिन में 25 से 30 ख़बरें होती हैं। कुल 38 सम्मिलित बुलेटिनों में 760 मिनटों में बमुश्किल बीस मिनट स्त्रियों से जुड़ी ख़बरों को दिये गये। इनमें से भी अधिकतर ख़बरें सरकारी आयोजनों के ही बारे में थीं। महिलाओं से जुड़ी राष्ट्रीय विकास नीतियों के बारे में ब्यौरेवार सूचनाओं का नितांत अभाव पाया

गया। दहेज, बेसहारा, बेघर स्त्रियों, झुग्गीवासी औरतों, वेश्याओं तथा मीडिया और महिलाओं जैसे विषयों पर कोई सूचनाएँ ख़बरें नहीं प्रसारित हुईं। इसके साथ ही ख़बरों से जुड़े सही दृश्यचित्रों का भी अभाव था। उदाहरणार्थ झारखंड आंदोलन से जुड़ी महिलाओं के जिक्र के दौरान पर्दे पर बिहार राज्य का नक्शाभर दिखाया गया।

इसके विपरीत त्योहारों तथा धार्मिक उत्सवों से जुड़ी ख़बरों में स्त्रियों के ही विजुअल दिखाये गये, जैसे कि स्त्रियों के जीवन में धार्मिक रूढ़ियों के सार्वजनिक अनुष्ठानों के अलावा और किसी भी कर्म या सोच के लिए जगह न हो। स्पष्टतः ख़बर कार्यक्रमों के निर्देशकों की दृष्टि में सिर्फ़ राजनीति में सक्रिय महिलाएँ ही ख़बरों में आने की अर्हता रखती हैं। खासकर यदि वे मंत्री हों।

जहाँ तक विज्ञापनों का क्षेत्र है, शोधकाल के दौरान 300 व्यावसायिक विज्ञापनों की समीक्षा की गई, जिनमें से 210 में स्त्रियों की छवि का प्रयोग किया गया था। अधिकतर (63) में स्त्रियों की पारंपरिक घरेलू छवि ही प्रस्तुत हुई दीखी। सफल कामकाजी मनुष्य के रूप में बहुत कम चित्रण किया गया। 210 में से 25 विज्ञापनों में स्त्री की देह का आपत्तिजनक चित्रण पाया गया। स्पष्टतः इस सिलसिले में अधिक चौकसी रखे जाने की ज़रूरत है, क्योंकि इस बारे में दूरदर्शन की ओर से बनाई गई एक आचरण संहिता मौजूद है, जिसका उल्लंघन हुआ है। साथ ही ज़रूरत है कि औरतों के घरेलू कामों को वास्तविकता के विपरीत पूर्णतः खुशनुमा, मेहनत रहित और प्रसन्नतादायक बनाकर प्रस्तुत करने से बचा जाये। जिस देश की तीन चौथाई औरतें ईंधन, पानी, चारे की विकट कमी से जूझ रही हों, वहाँ घरेलू काम में इस तरह के भ्रांतिपूर्ण विलासमय चित्रण लोगों में स्त्री की कर्मठता और महत्त्व के बारे में संवेदनशीलता बढ़ाने की बजाय उन्हें और अधिक लापरवाह बना सकते हैं। बना भी रहे हैं।

सीरियल, फ़िल्म तथा फ़िल्म आधारित कार्यक्रमों की समीक्षा में पाया गया कि उनमें भी प्रायः समाज में स्त्री के बारे में व्याप्त रूढ़िवादी धारणाओं को ही लेकर चला गया था। स्त्रियों पर होनेवाले भेदभाव, अत्याचारों तथा शोषण का जिक्र बहुत कम ही सामने आ पाया। यह सच है कि व्यावसायिक फ़िल्मों के निर्माण में दूरदर्शन का कोई सीधा रोल नहीं होता, लेकिन निश्चय ही चयन के स्तर पर इस बात को ध्यान में रखा जाना चाहिए कि स्त्रियों के बारे में प्रतिगामी सोच को बढ़ावा देने वाली फ़िल्मों को टी. वी. पर न दिखाया जाए।

दोपहर के कार्यक्रमों में पारंपरिक रूप से स्त्री विषयक कार्यक्रम अधिक दिखाये जाते हैं। इसमें भी दोहरा सोच सामने आया। जहाँ कुछ कार्यक्रमों में कामगार स्त्रियों को, उनकी समस्याओं को उभारा गया, वहीं अधिकांश कार्यक्रम

मध्यमवर्गीय गृहिणियों की इच्छाओं (खाना पकाना, सीना, पिरोना, वज़न घटाना, गृहसज्जा, रूप सँवारना) से प्रेरित थे। कुल मिलाकर दोपहर के कार्यक्रमों के पीछे यही सोच दीखता है कि औसत भारतीय गृहिणी के पास खूब फुर्सत होती है, जिसका उपयोग वे प्रायः अपने आप या अपने घर को सजाने में ही करती हैं।

इस शोध रपट के पूरा होने के बाद सरकारी दूरदर्शन की सेवाओं का और अधिक विस्तार हुआ है। उसमें भारतीय भाषाओं के चार नये चैनल तथा विदेशी समाचार बुलेटिन भी जुड़ गये हैं। यह सच है कि उपग्रह प्रसारण तथा केबल टी. वी. ने दूरदर्शन के प्रतिद्वंद्वी पैदा कर दिये हैं, लेकिन फिर भी भारतीय दूरदर्शन की पहुँच तथा क्षमता आज निर्विवाद तौर से सर्वाधिक है। निश्चय ही समय आ गया है कि हमारे दूरदर्शन की प्रसारण नीतियाँ स्त्री विषयक कार्यक्रमों को एक द्वीप में अलग-थलग बिठाने की बजाए समग्रता से अपने कार्यक्रमों की सारणी का अंग बनाने की सोचें और मध्यमवर्गीय शहरी स्त्री को औसत भारतीय स्त्री का प्रतीक मानने की मानसिकता से बचें। हमारी ग्रामीण स्त्रियाँ स्त्रियों की कुल तादाद का आज भी लगभग सत्तर फ़ीसदी भाग हैं। उनके जीवन, ज़रूरतों और स्थिति को कार्यक्रमों में उनकी संख्या और महत्त्व के अनुकूल स्थान दिया जाये तभी हमारे दूरदर्शन कार्यक्रम सही मायनों में राष्ट्रीय महत्त्व के बन सकेंगे और तभी वे विकासपरक सूचनाएँ जो सरकार आम स्त्री तक पहुँचाने की इच्छुक है, उस तक ग्राह्य रूप में भी पहुँच सकेगी।

अपराध का सार्वजनिक महिमामंडन क्यों ?

बंबई की टाडा विशेष अदालत के जज श्री जे. एन. पटेल ने, जो बंबई विस्फ़ोट कांड की जाँच कर रहे हैं, हाल में दूरदर्शन पर बंबई बम कांड के एक अभियुक्त का साक्षात्कार प्रस्तुत किये जाने पर गंभीर आपत्ति व्यक्त की है। जाँच-ब्यूरो के वकील श्री शर्मा से न्यायाधीश ने कहा है, कि अभियुक्त को पूछताछ के लिए ब्यूरो की हिरासत में रखा गया था, न कि प्रचार पाने के लिए।

आज जैसे-जैसे अपराध जगत और राजनैतिक दुनिया के बीच की दूरियाँ नज़दीकियाँ बन रही हैं, व्यावसायिक टेलीविज़न चैनलों के बीच अधिकाधिक दर्शक अपनी ओर खींचने की स्पर्धा भी जोर पकड़ रही है। लिहाजा अभिनेता और राजनेता के साथ अपराध जगत के बाहुबलियों की छवि का भी समसामयिक कार्यक्रमों तथा सोप-सीरियलों में धड़ल्ले से महिमामंडन होने लगा है। शायद ही कोई हफ़्ता ऐसा बीतता हो जब किसी कुख्यात डॉन के कार्यकलाप अथवा आपराधिक-जगत के भीतरी गठजोड़ों या गैंग-युद्धों की सुर्खियाँ हमारे अख़बारों के पन्नों तथा टी. वी. पर्दे से पूरी तरह गायब रहती हों। पर लगता है कि खुद मीडिया के बीच दर्शकों-पाठकों पर पड़ने वाले दीर्घकालिक असर को लेकर कोई ख़ास चिंता या आग्रह नहीं है। सवाल उठाने पर दुमकटे-सियार की परंपरा पर तुरंत पश्चिमी मीडिया का हवाला दिया जाने लगता है, कि जब वहाँ ब्रिटेन के राजशाही घराने और अमरीका के राष्ट्रपति के निजी जीवन के गोपनीय निजी ब्योरों को भी मीडिया भंडाफोड़ ढंग से सार्वजनिक बना रहा है, तो हम ही पीछे क्यों रहें ? क्या खोजी पत्रकारिता का यह एक अनिवार्य आयाम नहीं... फिर जनता को जानने का लोकतांत्रिक अधिकार भी तो है, आदि...।

एक तो इन दिनों भारतीय मध्यवर्ग के बीच अपराध जगत का दुर्निवार ग्लैमर यूँ ही छाता जा रहा है, तिस पर यदि कोई अपराधी स्त्री हो, तब तो मीडिया की रुचि का सैलाब थामे नहीं थमता। और देखते-देखते न्यायपालिका की

परंपराएँ, लोकतांत्रिक मर्यादाएँ, सुविचारित तर्क, सब इस प्रवाह में बहते नज़र आते हैं। कई बार गंभीर नारीवादी स्थापनाओं को भी तर्कसंगत पृष्ठभूमि से हटाकर उनका एक महिला द्वारा अपराधवृत्ति अपनाने को जायज साबित करने के लिए किस तरह खूब धड़ल्ले से दुरुपयोग किया जाता है, चम्बल घाटी की महिला दस्यु रही आई फूलनदेवी की गाथा इसका एक ताज़ा प्रमाण है। अभी हाल में बॉलीवुड के चर्चित फ़िल्म निर्देशक शेखर कपूर ने फूलन की रामकहानी पर एक पूरी फ़िल्म बनाई है, जो कान के अंतर्राष्ट्रीय फ़िल्म महोत्सव में निर्देशन-खण्ड में विशेष रूप से चर्चित हुई। और जब घर का जोगड़ा विदेश में सिद्ध साबित कर दिया जाए तो फिर घर में उसे न सही सिद्ध, लेकिन जोगड़े की बजाय जोगी तो माना ही जाने लगेगा न।

बहरहाल शेखर कपूर की इस बहुचर्चित फ़िल्म का पहला तथा सेंसर-युक्त प्रदर्शन अगस्त के दूसरे सप्ताह में दिल्ली के खचाखच भरे सीरीफोर्ट फ़िल्म सभागार में आमंत्रित दर्शकों के आगे हुआ। फ़िल्म के प्रदर्शन से पहले निर्देशक ने मंच पर आकर फ़िल्म के कब, क्यों और कैसे का अंग्रेजी में परिचय देते हुए कहा कि फ़िल्म बनाते हुए उनके आगे चुनौती थी, कि सत्य को प्रस्तुत करें, या कि रसशास्त्र (ईस्थेटिक्स) को। उन्होंने तमाम जोख़िम मोल लेते हुए सत्य की प्रस्तुति करना उचित जाना। बलात्कार, ताड़ना तथा संभोग के दृश्यों को उनके आदिम (रॉ) रूपों में वैसे ही, बिना ग्लैमराइज किए प्रस्तुत किया गया है, ताकि सवर्ण शहरी दर्शक एक देहाती असवर्ण औरत के जीवन के लोमहर्षक कड़वे सच को अपनी खाल पर महसूस कर सकें। उन्होंने अंत में यह भी जोड़ दिया, कि फ़िल्म की समाप्ति के बाद जो दर्शक उनकी ही तरह महसूस करते हों, कि यह फ़िल्म अपने इस सत्य अशिवं असुंदरं स्वरूप में, जस की तस दिखाई जानी चाहिए, तो वे फ़िल्म सेंसर-बोर्ड को पत्र लिखें। फ़िल्म अंग्रेजी में सब-टाइटिल लिये हुए थी, क्योंकि दुर्भाग्य से चम्बल के बीहड़ों में अंग्रेजी नहीं बोली जा सकती। बहरहाल इन सब-टाइटिलों का अध्ययन, खासकर जिस तरह से इनकी मार्फ़त फूहड़ गालियों को एक चटखारेदार सभ्यता का मुलम्मा चढ़ाया गया था, वह देशी हिंसा तथा सेक्स के अंतर्राष्ट्रीय बाज़ार में एक्रोटिक एथनिक बिकाऊ माल बन सकने की अमिट संभावनाओं को उजागर करता था।

शेखर कपूर पहले सौदागर नहीं हैं, जो भारतीय दृष्टि के ठीक उलट सत्य को रससिद्धांत का विरोधी मानते हों और जिन्होंने एक दलित औरत के अपमान और निजी पीड़ा को अंग्रेजी की चाशनी में लपेटकर ऐसा बीभत्स नकारात्मक कथानक का पैकेज निर्यात के लिए बनाया हो। इससे पहले (गत तीस वर्षों से

लंदन में बसी) भारतीय मूल की महिला माला सेन भी ग्वालियर जेल में फूलन से मिलकर फूलन पर अंग्रेजी में एक बहुचर्चित पुस्तक 'द बैण्डिट क्वीन' लिख चुकी हैं, जो ब्रिटेन के उदारवादी पाठकवर्ग, खासकर नारीवादी धड़ों में बड़ी पसंद की गई। चूँकि माला सेन हिंदी या बुंदेलखण्डी नहीं जानतीं, और फूलन अंग्रेजी बोलना तो दूर, लिखना-पढ़ना भी नहीं जानती, उसकी इस रामकहानी में खुद लेखिका के अपने पूर्वाग्रहों और मान्यताओं की झाँकी बीच-बीच में साफ़ दीखती रहती है। प्रस्तावना में माला सेन भी फूलन देवी की राम कहानी को शक्ति की अवधारणा से लेकर द्रौपदी के शाप और उससे चम्बल नदी के जल के प्रतिशोधपूर्ण जातिवादी हिंदू इतिहास का हवाला देती हैं जो पश्चिम खूब पसंद करता है। इस कहानी को पढ़कर फ्रांस के प्रकाशकों के कान भी खड़े हुए, क्योंकि इसमें उन्हें अपने सुस्त पड़े पुस्तक बाज़ार को आंदोलित करने का काफ़ी पुरबिया माल मसाला दीखा—मसलन एशिया में हिंसा, सेक्स, खूँखार बदले की आग, घाटी-घाटी भटकती प्रतिशोध की आग में जलती एक अश्वेत औरत, जिसे दकियानूस, जाहिल और जातिवादी हिंदू समाज ने काली का रूप धर कर आत्मनिर्वासन पर मज़बूर कर दिया हो। देखते-देखते प्रकाशन जगत में पूरब की नव-काली के रूप में फूलन देवी (दि गॉडेस ऑफ़ फ्लावर्स) एक बड़ी विचारोत्तेजक शै बनकर छा गई। चर्चित फ़िल्मकार फ़ारूख ढोंढी के सहयोग से फूलन पर एक डाक्यूमेंट्री भी बनी और वह भी चर्चा का विषय रही। अब जब पश्चिम में यह हो रहा था, तो यह विषय अपने यहाँ भी देर-सबेर कला-फ़िल्म के रूप में बदलना ही था। अंतर्राष्ट्रीय फ़िल्म बाज़ार में ऐसे माल की खपत क्षमता प्रमाणित हो ही चुकी थी। नतीजा है शेखर कपूर की यह चतुर-चालाक फ़िल्म, जो अपराध, हिंसा और बलात्कार के प्रति समाज को आगाह करने के बहाने फिर से एक बार ठाकुर दस्यु सीताराम और लालाराम की ही क्रूरता से सरेआम फूलन के दुःख से पपड़ियां नोंचकर अपनी विकृत कलावादी खाज मिटाती है।

इसमें कोई शक नहीं, कि जातिवादी हिंसा का सबसे क्रूर शिकार हमारी दलित औरतें ही होती रही हैं। चम्बल घाटी के डाकुओं की टोली में शामिल होने वाली औरत ऐसे-वैसे अत्याचारों अथवा सामान्य प्रतिशोध भावना से प्रेरित भी नहीं हुई होगी लेकिन इस बात को मान लेने का मतलब यह नहीं, कि हम उस स्त्री के द्वारा प्रतिशोध की बतौर वैसे ही लोमहर्षक अपराधों का सिलसिला जारी रखने को नैतिक स्वीकृति देकर उसे भारतीय समाज के एक ग्लैमरस ध्रुव सत्य का दर्ज़ा दे दें। और न ही यह मान बैठें, कि जाति विशेष पर हुए अत्याचारों

का सदियों पुराना सिलसिला देखते हुए अपराधों के क्षेत्र में भी उस जाति-वर्ग को पूर्ण सामाजिक-राजनैतिक आरक्षण मिलना जायज़ है। जैसाकि गांधीजी ने कहा था, कि आँख के बदले आँख और दाँत के बदले दाँत के सिद्धांत पर चलने वाला एक समाज देर सबेर स्वयं अंधा और पोपला हो जायेगा। यही वजह है, कि अपने स्वस्थ रूप में हमारे पारंपरिक नारीवाद के मर्म में भी शक्ति तथा शिव के योग तथा अहिंसा और करुणा के सिद्धांतों पर एक अटल आस्था रही आई है।

यह सच है कि युगों से जाति आधारित हमारे समाज में हिंसा और क्रूरता राजकाज का अविभाज्य अंग रही है लेकिन इस हिंसक और क्रूर ढाँचे का सार्थक विकल्प भी तभी बन सकता है, जब शक्ति और सत्ता अपने हाथ में आने पर शोषित वर्ग उस जीवन विरोधी निष्करुण हिंसा का मज़बूती से बहिष्कार करें, और प्रमाणित करें कि समाज, राजनीति तथा अर्थनीति तीनों को भेदभाव की बजाय कैसे उदार सहकार और समन्वय की भावनाओं के बूते कहीं बेहतरी से चलाया जा सकता है। यह ठीक है; कि जीवन के ठोस पथरीले यथार्थ के बीच ऐसे उदात्त आदर्श का पालन करने की बात हथेली पर सरसों जमाने की पेशकश करना है। लेकिन स्मरणीय है कि स्वयं फूलनदेवी भी अपने हाल में दिये वक्तव्यों के आधर पर अब एक शांत गृहस्थ जीवन बिताते हुए समाजसेवा करना चाहती है, अभिनय या राजनीति के क्षेत्र में नहीं उतरना चाहती। ऐसे में उसके हिंसाभरे अतीत के चलचित्रों को समाज में विद्यमान जातिवादी हिंसा तथा पुरुष समाज के प्रति घृणा को और स्थान देने के लिए इस्तेमाल करना अनैतिक और कुतर्की ही कहा जा सकता है।

एक पूँजीवादी समाज में अपनी जड़ों से कटा शहरी मध्यवर्ग धीरे-धीरे अंतर्मुखी और आत्मकेंद्रित होता जाता है। इसका एक सीधा नतीजा होता है ऊब और अकेलापन। ऐसी स्थिति में मध्यवर्गीय भद्रलोक के लिए प्रायः अपने वर्ग और परिवेश से भिन्न माहौल या व्यक्तित्व को एक रूमानी ढंग से महिमामण्डित करना, और फिर उस रूमानी चित्र से अपने वर्ग और समाज की तुलना करते हुए उस पर लानत भेजना, अपनी वर्गगत तथा निजी ग्लानि के विसर्जन का एक अच्छा पीड़ा-विलास बन जाता है। इसका उदाहरण अभी कुछ ही समय पहले वियना के अख़बारों में आया है। जैक उण्टरवागर नाम का एक कुख्यात अपराधी, जिसने जेल में पढ़ना-लिखना सीख कर रचनात्मक लेखन शुरू किया था, अपनी रचनाओं से वियना में शहरी बुद्धिजीवियों की अनुकम्पा का विशेष पात्र बना। जेल में तथा (मई, 1990 में) वहाँ से पैरोल पर छूटने के बाद उसने

जो भी कविता, कहानी और उपन्यास लिखे वे वियना के भद्रलोक द्वारा हाथों-हाथ लिये गये, और उन्हें इस बात का प्रमाण माना गया कि दरअसल उण्टरवागर मूलतः अपराधी वृत्ति का आदमी नहीं, बल्कि एक संवेदनशील कलाकार था, जिसे समाज की उपेक्षा और ग़रीबी ने अ़पराध की दुनिया में धकेल दिया था। उण्टरवागर की आत्मकथा को 1984 में एक शीर्ष पुरस्कार दिया गया। उसके अन्य उपन्यास फेगेफ़ायर (नरक) की भी लाखों प्रतियाँ बिकीं और उसे फ़िल्माया भी गया। यही नहीं उण्टरवागर को अब अमरीका के लेखक संघों से निमंत्रण मिलने लगे, और वह 1992 में लेक्चर-दौरे पर वहाँ गया। इसी दौरान उसे अचानक एक दिन मियामी में पुनः गिरफ़्तार कर लिया गया, तो एक बीभत्स राज उजागर हुआ। जिस वक्त मीडिया और बुद्धिजीवी जन उण्टरवागर को हाथों-हाथ ले रहे थे, और उसके जैसे 'जीनियस' को जेल भेजने के लिए मध्यवर्गीय न्याय व्यवस्था को गरिया रहे थे, तो उसने लगातार एक के बाद एक सोलह वेश्याओं की गला घोंट कर हत्या कर दी थी। उण्टरवागर पुनः वियना की जेल में डाल दिया गया, जहाँ गत जून में जब आठ सदस्यीय जूरी ने उसे हत्याओं का दोषी क़रार दिया। अंततः उसने फाँसी लगाकर आत्महत्या कर ली। अब निर्णय कौन करे कि उण्टरवागर महानायक था या महा-अपराधी ? यह हमारे युग की कड़वी सचाई है।

आज मीडिया में आई संचार क्रांति में किसी को शक नहीं हो सकता। एक साथ करोड़ों घरों के भीतर सूचनाएँ तथा मनोरंजन पहुँचाना निश्चय ही प्रौद्योगिकी की बहुत बड़ी उपलब्धि है। लेकिन क्या इस पर क्या सूचनाएँ और ब्योरे दिखाये जायें, यह बात सेंसर बोर्ड तय करे इसकी बजाय मुक्त बाज़ार के दबावों और रुझानों के ही हाथों छोड़ दी जाये ? शेखर कपूर जैसे निर्देशक संभवतः कहेंगे कि इसमें बुराई क्या है ? उपभोक्ता क्या करे क्या न करे, क्या देखे, क्या पढ़े इसको तय करने वाली शक्ति उसके अलावा और किसी के हाथों क्यों हो ? यानी प्रकारान्तर से प्रौद्योगिकी से मिले ब्योरों, सूचनाओं और कहानियों को किसी दर्शन के तहत नियंत्रित करने की बजाय, उसके द्वारा जैसे वे चाहें वैसे उस पूरे समाज को संचालित और नियमित करने वाला दर्शन तथा सांस्कृतिक लक्ष्य तैयार होने दिये जायें ?

इस फ़िल्म में हिंसा तथा यौन अपराध इतनी गहराई से व्याप्त हैं कि निश्चय ही शेखर कपूर की फ़िल्म, यदि वह अंशतः सेंसर हो जाये तो भी, छोटे-बड़े पर्दे पर दिखाये जाने पर खासी भारी भीड़ खींचेगी। पर साथ ही हम यह भी जानते हैं कि हमारा दर्शक-पाठक समूह अधिकांशतः शिक्षित अथवा

सहृदय नहीं है। ऐसे में यह नामुमकिन है कि ऐसी हत्या, बलात्कार और प्रतिशोध के बीभत्स ब्योरों-दृश्यों के पीछे का अंतिम संदेश या असर उन सब पर सकारात्मक ही होगा, और वे इससे सबक लेकर भविष्य में अहिंसक और करुणामय बनने की ओर प्रवृत्त होंगे। अधिक संभावना तो यही है, कि इसके विपरीत वे अपराधों की दूषित मनोवृत्ति के और भी पास जा सरकें। शायद अगर फ़िल्म निर्माता और निर्देशक उस भाषा को जानते होते, उस समाज में रहे होते, जिससे फूलनदेवी की कहानी निकली है, तो वे घरेलू दर्शकों की प्रतिक्रियाओं और ग्रहणशीलता तथा उन पर फ़िल्म के कुप्रभाव के बारे में इतने फिरंट, इतने असंवेदनशील न होते। और न ही फ़िल्म के अंतिम संदेश के बारे में उनमें एक परदेसी की वह क्लिनिकल तटस्थता होती जो निर्देशक के दंभी वक्तव्यों में एक सिरे से व्याप्त थी। यदि शेखर कपूर की यह फ़िल्म सचमुच भारतीय दर्शकों के लिए बनी होती, तो हॉल से निकल रहे दर्शकों की नाक के तले माइक सटा कर एक वीडियो वाहिनी तन्वंगी भोले कुतूहल से उनसे न पूछती—'एक्सक्यूज़ मी, डू यू थिंक द इंडियंस कैन टेक इन दिस फ़िल्म ?'—क्या आपकी राय में हिंदुस्तानी इस फ़िल्म को झेल पायेंगे ?

अंजलि कपूर : नारीवाद और मीडिया का अर्द्धसत्य

कुछ तो रचने वालों की समझदारी थी, कुछ जमाने की नासमझी और तिस पर व्यावसायिकता के भरपूर दबाव कि एक के बाद एक तीखी चर्चाओं से मथने वाले कई प्रकरण मीडिया के बीच से निकलते आ रहे हैं। पहले आई फूलनदेवी पर निर्माता शेखर कपूर द्वारा बी. बी. सी. के लिए बनाई फ़िल्म—'दि बैंडिट क्वीन', जिसने फ़िल्मकार शेखर कपूर के द्वारा व्याख्यायित सच और खुद कथानायिका भूतपूर्व दस्यु फूलनदेवी के अनुभूत सच के बीच कई तीखे विरोधाभासों को उजागर किया। इसके साथ ही एक लंबा तल्ख दौर उठा बहसों का, कि क्या एक जीते-जागते मनुष्य की रामकहानी को एक कथाकार या फ़िल्मकार अपनी इच्छा की तर्ज पर तोड़-मरोड़ कर सार्वजनिक रूप से बतौर सच पेश कर सकता है ? बात इस हद तक बढ़ी और मीडिया की मार्फ़त इतनी वज़हों से इतने लोग इससे आ जुड़े, कि अंततः फूलन ने निर्माता के खिलाफ़ एक मुकदमा ठोंक दिया। अब हालत यह है कि विश्वविख्यात आस्कर पुरस्कार के लिए चुनी फ़िल्मों की फेहरिस्त में होते हुए भी यह फ़िल्म भारत में नहीं दिखाई जा सकती, हाँ, भारत के बाहर इसका प्रदर्शन संभव है।

यह झड़प अभी पूरी तरह विसर्जित भी नहीं हुई थी; कि मदर टेरेसा पर (बी. बी. सी. के उसी चौथे चैनल के लिए) मशहूर वामपंथी बुद्धिजीवी तारिक अली द्वारा बनाई फ़िल्म—'हैल्स एंजल' को लेकर एक नया विवाद उठ खड़ा हुआ है। इस फ़िल्म, जिसकी पटकथा ब्रिटेन के एक अन्य वामपंथी पत्रकार क्रिस्टोफर हिचिंस ने लिखी है, का आरोप है कि दुनिया भर में संत के रूप में चर्चित मदर टेरेसा मूलतः पोप के निर्देशानुसार ईसाइयत का गुपचुप प्रचार करने में जुटी हुई हैं और कलकत्ते में बरसों से गरीबों-दीन-दुखियों को उनके तथा उनके मिशन 'निर्मल हृदय' की भिक्षुणियों द्वारा की जा रही सेवा वस्तुतः उनके इसी धर्मान्तरण अभियान का एक चतुर हथियार भर है। वृत्तचित्र में मदर पर यह लांछन भी लगाया गया है, कि वे अपने काम के लिए ज़रूरी संसाधन उगाहने को 'बेबी डॉक' सरीखे भ्रष्ट तानाशाहों, इंग्लैंड के रौबर्ट मैक्सवेल जैसे बेईमान व्यवसायियों,

भू. पू. अमरीकी राष्ट्रपति रेगन जैसे विवादास्पद नेताओं तथा अन्य भी कई संदिग्ध उद्योगपतियों–संस्थाओं से मिलने-जुलने और अनुदान लेने से परहेज नहीं रखती हैं। जो वे कलकत्ते की नारकीय पृष्ठभूमि में दीनदुखियों की सेवा कर रही हैं, उसकी एवज में चर्च का उन्हें यह अनकहा आश्वासन प्राप्त है, कि वह मरणोपरांत मदर को एक सन्त घोषित कर देगा।

आज नोबेल पुरस्कार प्राप्त मदर टेरेसा का और उनके काम का आदर कलकत्ता या भारत में ही नहीं पूरे विश्व में होता है। अतः कहना न होगा कि उन पर व्यक्तिगत लांछन लगाने वाले इस वृत्तचित्र को लेकर सब देशों में तीखी प्रतिक्रियाएँ व्यक्त की जा रही हैं। पर खुद मदर तथा उनके मिशन की सदस्याओं ने, फूलन के विपरीत, गुस्से की जगह संतजनोचित सहनशीलता का ही तेवर अपनाया है। मदर ने बस यही कहा है, कि वे इस चर्चा में नहीं पड़ना चाहतीं कि उनके बारे में कौन क्या कह रहा है। उनके जीवन का इकलौता ध्येय दीन-दुखियों की सेवा की मार्फ़त भगवद् भक्ति करना है यह काम वे आजीवन करती रहेंगी। मिशन की सदस्याओं की प्रतिक्रिया थी, कि उन्होंने यह विवादास्पद वृत्त चित्र देखा ही नहीं क्योंकि न तो उनके पास इतना समय है और न ही उनके पास उस साधारण से रिहायशी भवन में टी. वी. सेट हैं। बहरहाल वे तो ईश्वर से यही प्रार्थना करेंगी कि वे तारिक अली जैसे फ़िल्मकारों को तथा हिचिंस जैसे पत्रकारों को क्षमा करें और उन्हें सन्मति दें क्योंकि वे जानते नहीं कि वे क्या कह और कर रहे हैं।

इसी के साथ हाल में फिर एक ऐसा ही विवादास्पद प्रकरण प्रकाश में आया, जिसे सभी रंगतों के मीडियाकारों ने काफ़ी प्रमुखता से रस ले-लेकर छापा, यद्यपि यह प्रकरण किसी सार्वजनिक या चर्चित व्यक्तित्व से नहीं जुड़ा था। प्रकरण के केंद्र में दिल्ली की एक चौबीस वर्षीया महिला अंजलि कपूर हैं जो पेशे से वकील हैं और फिलवक्त दिल्ली की किसी निजी फर्म में लॉ-आफिसर की हैसियत से कार्यरत बताई जाती हैं। अंग्रेजी, हिन्दी, तमिल तथा गुजराती भाषाओं में बड़ी तादाद में बिकने वाली एक पाक्षिक पत्रिका को अन्य कुछ पेशेवर मॉडल्स के साथ दिए अपने इंटरव्यू (शीर्षक : देह दिखाने की बढ़ती चाहत के पीछे क्या है ?) में अंजलि कपूर ने पत्रिका को बताया कि वे कई व्यापारिक उत्पादों के लिए मॉडलिंग करती रही हैं और डेबोनायर तथा फैंटेसी नामक पत्रिकाओं के लिए, जो कि अर्द्धनग्न महिलाओं के उत्तेजक चित्र छापने के लिए चर्चित है, कई 'उत्तेजक दृश्य' दे चुकी हैं। इंटरव्यू के अंत में उन्होंने कहा कि उन्होंने इस काम के लिए कोई पैसे नहीं लिये, वे तो इसे (मॉडलिंग को) पेशा बनाने की इच्छा नहीं रखतीं, बल्कि उनकी इच्छा तो चोटी की वकील बनने की है। इस इंटरव्यू के मसौदे के साथ उनके इस दावे को और विवादास्पद बनाते हुए संलग्न

पन्नों पर सुश्री कपूर के दो चित्र छापे गये थे जिनमें से एक में वे अदालती कपड़ों में अदालती परिवेश में खड़ी दीखती हैं, दूसरे में वे बेहद सूक्ष्म से परिधानों में फैंटेसी पत्रिका के (अगस्त माह के) आवरण पृष्ठ पर बैठकर शोखी से मुस्करा रही हैं। ज्ञातव्य है कि यह 'फैंटेसी' पत्रिका हाल में कथित तौर से ब्लैक मेलिंग द्वारा प्राप्त एक नाबालिग लड़की के नग्न चित्र छाप कर काफ़ी कटु चर्चाओं में आई और क़ानूनी झंझट में फँस कर फिलवक्त प्रकाशन बंद कर चुकी है। उधर वकालत मध्यमवर्गीय पेशा है जो नौकरशाही राजनीति या अध्यापन की ही तरह कम-से-कम सार्वजनिक तौर से, अपने प्रतिनिधियों से एक आदर्श और साफ़-सुथरी छवि बनाए रखने को अलिखित अपेक्षा रखता है। अतः इस इंटरव्यू के छपते ही मीडिया में पुनः भारी विवाद शुरू हो गया और वकीलों की ओर से तीखे प्रतिवाद आने लगे तो अचरज क्या ?

यह ग़ौरतलब है कि विवाद का केंद्र इस आलेख में चर्चित अन्य मॉडल्स नहीं बनीं जो पेशे से मॉडल या गृहिणियाँ हैं, क्योंकि अब तक हमारा समाज तथा मीडिया (न सही बहुत खुशी-खुशी) यह स्वीकार कर ही चुके हैं कि उपभोक्ता संस्कृति के इस दौर में मॉडलिंग की फ़िल्म या सौन्दर्य प्रतियोगिताओं की पुरस्कृत कई सुंदरियाँ शरीर प्रदर्शन से जुड़ी मध्यमवर्गीय वर्जनाओं की पूरी अवहेलना करके भी नाम तथा दाम कमा सकती हैं और कमाएँगी भी। इसलिए कुछ समय पहले तक शरीर प्रदर्शन से जुड़ी सौंदर्य प्रतियोगिताओं के आलोचक अख़बार भी आज सुष्मिता सेन और ऐश्वर्य राय की तस्वीरें अपने पहले पन्ने पर प्रमुखता से छापे हैं और उनकी जीत को राष्ट्रीय गौरव या नारीवाद की लाई स्वच्छन्दता का प्रमाण मानने वाले संपादकीय भी देते हैं। दरअसल वे मानें या न मानें हमारे सभी प्रचार माध्यम आज नुमाइश तथा प्रसारसंख्या पर पहले निर्भर हैं, जनता के वैचारिक या रागात्मक उत्थान पर उसके काफ़ी बाद में।

उपरोक्त तीनों प्रकरण हमारे राज और समाज के केंद्र में बैठी हुई उन अनेकानेक विसंगतियों के प्रतिबिंब मात्र हैं जो अधिकारों के परिप्रेक्ष्य में मान्य आदर्श और ठोस वास्तविकता के टकराव से रात-दिन पैदा हो रही हैं और लोग इन पर प्रकट में चाहे जितनी नाक-भौं चढ़ाएँ वे इनको पढ़ते ज़रूर हैं, जैसा कि अक्सर पत्रकारिता-क्लास में पढ़ाया जाता है कुत्ते का आदमी को काटना आम बात है पर आदमी का कुत्ते को काटना ख़बर। सो हर क़िस्म के चौंकाने वाले ब्योरे तथा तनाव दुनिया भर के अख़बारों-पत्रिकाओं में लगातार ख़बर का दर्जा पा रहे हैं। लोकतंत्र या लोगों के जीवन से उनका सीधा रिश्ता हो या नहीं। फूलन कुछ साल पहले तक महिला डकैत थी। आज भी उस पर कई हत्या तथा अपराधों के मुक़दमे दर्ज़ हैं, जिनकी परछाईं से वह पूरी तरह बरी नहीं है लेकिन मीडिया की दृष्टि में एक समाज में, जहाँ आज भी ढोल-गँवार, शूद्र-पशु और

नारी का पिटना आम बात है वहीं एक शूद्र नारी का दर्जन से ऊपर सवर्ण पुरुषों के खिलाफ गोली बरसाना एक 'खास' खबर है, अनुकरणीय सामाजिक आदर्श वह हो न हो ! इस खबर को और अधिक बेचने योग्य 'आकर्षक' और चर्चा-योग्य बनाने का एक और विलायती नुस्खा शेखर कपूर की फिल्म ने अपनाया, फूलन को काली और मुक्त स्त्री की नारीवादी अवधारणा से जोड़ कर। पश्चिम में यह तेवर खासा कामयाब हुआ भी क्योंकि यह भारत के पारंपरिक दकियानूसीपन तथा जातिवाद के साथ नारीवाद से भी जोड़ दिया गया। लिहाजा यह फिल्म पुरस्कार के लिए कई पश्चिमी फिल्म उत्सवों की फेहरिस्तों में चढ़ चुकी है और कपूर के कई पक्षधर उपज आए हैं। इधर भारत में भी फिल्म के खिलाफ पहले फूलनदेवी के तीखे प्रतिवाद आए जिसके बाद शेखर कपूर तथा माला सेन के उतने ही तीखे प्रत्युत्तरों का सिलसिला बना और अंततः मुक़दमा दर्ज़ करवाए जाने से प्रकरण की ख़बरिया वैल्यू चमक उठी ! जातिवाद या स्त्री विरोधी हिंसा में कमी नहीं आनी थी, न आई।

लगभग यही मदर पर बने वृत्तचित्र के साथ भी हुआ है। वहाँ फ़र्क बस यही है, कि मदर उनकी विनम्र सहकर्मिणियों ने सच्ची धार्मिक सहनशीलता समेत इस विकृत ज्वाला में घी डालने से साफ़ इनकार कर दिया है। यद्यपि मीडिया ने ख़बर से ख़बर निकालने के सत्प्रयास जारी रखते हुए कई ऐसे लोगों की रायशुमारी करानी-छापनी शुरू कर दी है जो जन या देश के प्रति चिंतित हों, न हों, अपने बड़बोलेपन और विवादास्पद बयान देने की क्षमता के लिए खासे प्रख्यात हैं। हमारे शहरी मध्यवर्ग में स्त्रियों पर बलात्कार के प्रकरण या उनकी अश्लील छवि उनकी इच्छा या अनिच्छा से छपने की घटनाएँ आज सचमुच की चिंता नहीं बल्कि कुतूहली मनोरंजन का ही विषय अधिक हैं। अतः ऐसी ख़बरों के पाठक लाखों में हैं। ये तीनों प्रकरण जो व्यावसायिक स्पर्धा में बदहवासी से दौड़ते मीडिया के लिए प्रकाशन बेचने का एक बढ़िया हथियार बने हुए हैं इसी वज़ह से मीडिया द्वारा उछाले गये।

इसमें शक नहीं की वकालत समाज की स्वीकृत व्यवस्था के भीतर एक प्रतिष्ठित पेशा है, और इसी वज़ह से वह सामाजिक दायरे की स्वीकृत नैतिकता से सीधे—और पक्की तौर से भी जुड़ा है। अतः यदि कोई पुरुष अथवा महिला इसे अपने उन्नति के कारगर माध्यम के रूप में चुनता या चुनती है (जैसा अंजलि कपूर ने स्वघोषित तौर पर किया है) तो उनके लिए इस दायरे की लक्ष्मण रेखा जानबूझकर तोड़ना और तोड़कर भी पेशे में प्रतिष्ठित तथा सफल बने रहने की उम्मीद करना अव्यावहारिक तथा मूर्खतापूर्ण दोनों होगा। एक सफलताकामी और अपने मुवक्किलों से सराहना तथा पैसा पाने के इच्छुक वकील के लिए वोट तथा सफलता पाने के इच्छुक नेता की ही तरह आम जनता के बीच स्वीकृत

मध्यमवर्गीय सामाजिक मान्यताओं का निर्वाह करना वकालती पेशे की एक बुनियादी ज़रूरत है। यदि इससे आपको उलझन होती हो तो आप कलाकार या लेखक जैसा कोई ऐसा अन्य पेशा चुनें जिनके निर्वहन में यह सामाजिक तथा धंधई बाध्यताएँ मौज़ूद न हों। तब आप मज़े से स्वीकृत सीमाएँ—वर्जनाएँ तोड़ें, लोग जो कहें, उससे आपकी धंधई सफलता पर असर नहीं पड़ने का ! लेकिन भारतीय न्याय-व्यवस्था की अपनी जो पेशेवर आचरण संहिता है, उसके चलते इस पेशे में रहकर आप नारीवाद या जातिवाद या किसी भी वाद के बहाने अधिक उत्तेजक बोल्ड एंड ब्यूटीफुल हरकतें करें, तो अधिक दूर जाना नामुमकिन है। यह किताबी बहस नहीं, व्यावहारिक ज्ञान की बात है। जो सच्ची आजादी से भय खाते हैं, वे ही एक पैर यथास्थितिवादी व्यवस्था में तथा एक छद्म विद्रोह में रखकर दोनों के मज़े लूटने का स्वप्न देखते हैं। प्रश्न अंजलि कपूर के आचरण से नारीवाद को परखने का नहीं बल्कि नारीवाद के तर्क के उजाले में जीवन की बुनियादी प्राथमिकताओं को परखने तय करने का है।

बहरहाल इसमें दो राय नहीं हो सकती, कि बार कौंसिल से सुश्री अंजलि कपूर के निलम्बन की माँग के साथ उनकी बिरादरी के कई सदस्यों ने जिस तरह की भाषा में जो आपत्तियाँ सामने ला रखी हैं, उनमें प्रायः नैतिक एक निष्ठता की बजाय पितृसत्ताक तथा दोहरे मानदंडों की ही सख़्त बू आती है। इसमें शक नहीं कि सुश्री कपूर के आचरण से न्यायपालिका के गंभीर सदस्य-पक्षधरों को वकालती पेशे की सार्वजनिक छवि मलिन होने का ख़तरा महसूस हो सकता है। लेकिन जैसा कि कतिपय नारी-संस्थाओं ने कहा, जनता की दृष्टि में अदालत की छवि समय-समय पर पुरुष सदस्यों के कुछ अन्य कार्य-कलापों द्वारा कई अन्य तरह से मलिन होती रही है। क्यों नहीं अब उन सब पर भी इसी तरह कड़ी आपत्ति उठाई जाती ? उदाहरण के लिए अभी हाल में न्यायपालिका के सर्वोच्च पद से निवर्तमान न्यायमूर्ति श्री वेंकटचलैया ने भारतीय अदालतों में लाखों न्यायिक प्रकरणों के बरसों से निलम्बित पड़े रहने को लेकर अपनी गंभीर चिंता दर्ज़ की है और पूछा है कि गत 47 वर्षों में इस समस्या पर कोई राष्ट्रस्तरीय विचार-विमर्श क्यों नहीं हुआ है ? उधर नवनियुक्त प्रमुख न्यायमूर्ति श्री अहमदी ने भी दिल्ली में वकीलों की एक राष्ट्रीय संगोष्ठी में पेशे की छवि मलिन करने वाली एक अन्य खामी की ओर ध्यान आकृष्ट किया है। उनका कहना है कि क़ानूनी शिक्षा के मानदंडों में लगातार आ रही गिरावट यदि न रोकी गई तो अचरज नहीं कि हमारे वकील सामाजिक परजीवी बनकर रह जाएँ। इसी संगोष्ठी में कुछ अन्य लोगों ने देश की आम जनता और वकालती पेशे के बीच बढ़ती जा रही खाई पर भी चिंता व्यक्त की और कहा कि अक्सर समाज में जिन लोगों को न्याय व्यवस्था की मार्फ़त राहत की सबसे

अधिक ज़रूरत होती है वे ही लोग इसके शिकार बनकर रह जाते हैं। बात में दम है। 'टाडा' के अंतर्गत पकड़े गये लोगों के रिश्तेदारों के पास सैकड़ों मन दहला देने वाली कथाएँ हैं, जहाँ अभियुक्त अर्से से सिर्फ़ इसलिए सलाखों के पीछे पड़े हुए हैं क्योंकि मामला पुलिस तथा वकीलों के बीच आ गया है और खिंचता जा रहा है। कुल मिलाकर समय आ गया है कि न्याय व्यवस्था अपने भीतरी क्षेत्र की विवेकी पड़ताल करे और इन सब मुद्दों पर विचार हो। हमारे क़ानून में एडवोकेट्स एक्ट का पाँचवाँ अध्याय वकीलों के लिए एक आचरण संहिता प्रस्तुत करता भी है। इसके अनुसार यदि बार-काउंसिल को लगता है कि उसका सदस्य कोई वकील यदि धंधई या अन्य स्तर पर ग़लत आचरण (जैसे घूस लेना, मुक़दमे के कागजात से छेड़छाड़ या गवाहों को बरगलाना आदि) का दोषी है तो वह उसके खिलाफ़ अनुशासनात्मक कार्रवाई कर सकती है। यद्यपि इसमें एक महिला वकील द्वारा कतिपय आपत्तिजनक मानी जा सकने वाली पोशाकों में चित्र खिंचवाना या छपाना जैसे मामलों को शामिल नहीं किया गया है। लेकिन ऐसे प्रकरण उपलब्ध हैं, जबकि उच्च न्यायालयों अथवा सर्वोच्च न्यायालय ने वकीलों या सार्वजनिक पेशे के प्रतिनिधियों के द्वारा ग़लत अदालती आचरण अपनाने पर सख़्त आपत्ति दर्ज़ की है।

इसके अतिरिक्त अन्य भूतपूर्व मुख्य न्यायमूर्ति श्री वेंकटरमैया ने देश का ध्यान वकीलों द्वारा अक्सर की जाने वाली उन हड़तालों की ओर भी खींचा है जिनके कारण हज़ारों लोग अकारण तकलीफ उठाते हैं। श्री वेंकटरमैया की राय में चिकित्सा, वकालत तथा अध्यापन यह तीन ऐसे पेशे हैं, जिनके कार्यकर्ताओं की हड़तालों से लाखों बेकसूर नागरिक दुष्प्रभावित होते हैं। अतः डॉक्टरों, वकीलों और अध्यापकों द्वारा हड़ताल का मार्ग अपनाना अच्छी नागरिकता का लक्षण नहीं। अब समय आ गया है कि एडवोकेट्स एक्ट में इन तमाम बातों के उजास में समयानुकूल परिवर्तन किये जाएँ, लम्बित मुक़दमों की भीड़ में कमी लाई जाए और वकालत का पेशा अपनाने वाले सभी स्त्री-पुरुषों के सार्वजनिक तथा पेशेवर आचरण के लिए ऐसे स्पष्ट निर्देश प्रस्तुत किये जायें, जो स्त्री अथवा पुरुषों को लेकर किसी भी प्रकार के दोहरे मूल्यों से मुक्त हों और उस नीर-क्षीर विवेक का परिचय दें, जो न्याय व्यवस्था की रीढ़ है।

इसके साथ ही हर प्रकार के मीडिया से जुड़े गंभीर लोगों को भी अब इस बात को जाँचना-परखना होगा कि 'वास्तविकता' या चीज़ को जस का तस प्रस्तुत करने की सही कसौटी क्या हो ? मदर या फूलन देवी के विगत के 'सच' को उजागर करने का जो आग्रह शेखर कपूर अथवा तारिक अली कर रहे हैं क्या वह सचमुच मानव जाति के भविष्य के प्रति किसी आस्था या चिंता से जुड़ा है ? या कि उसका उद्देश्य एक स्थिति या ज़िंदगी का एक पक्ष दिखाकर

सिर्फ़ सस्ती हलचल पैदा करना भर है ? जिससे मीडिया का धंधा चलता रहे, नये दर्शक जुटते रहें और कभी एकाध पुरस्कार भी झोली में आन पड़े ? कपूर की फ़िल्म फूलन की वेदना में जिस ऐन्द्रिक आनंद को बेच रही है और तारिक अली की फ़िल्म मदर की निंदा की ओट में तीसरी दुनिया की ग़रीबी का जो घिनौना रूप उजागर कर रही है वे दर्शकों को संघर्ष मूलक परिवर्तन के लिए नहीं, कड़वी फुर्सती परनिंदा के ही लिए तैयार करेंगे। ऐसी वास्तविकता को दर्शाना यथार्थ को समझना या समझाना नहीं है, क्योंकि उसके पीछे इतिहास बोध नहीं सिर्फ़ एक नकली वर्तमान है, वह भी गढ़ा हुआ। और इसी नकली वर्तमान के लंबे पारायण से नारीवाद और आज़ादी की नकली और मौक़ापरस्त समझ पैदा होती है।

पहले भोजन, फिर परिवार नियोजन

हाल में 16 समाजसेवी स्वायत्त महिला संगठनों ने स्वास्थ्य तथा परिवार कल्याण मंत्री महोदय को एक पत्र लिखकर अनुरोध किया है कि चाहे कितने ही दबाव बाहर से क्यों न पड़ रहे हों, भारत सरकार को अपने परिवार नियोजन कार्यक्रमों की तहत अफरा-तफरी में किसी भी तरह के संदिग्ध गर्भनिरोधकों तथा गर्भ-निरोध प्रक्रियाओं को हमारी औरतों पर लागू नहीं करना चाहिए।

पत्र के अनुसार इन महिला कार्यकर्त्ताओं को स्वास्थ्य-सचिव ने हाल में एक गोष्ठी में बताया कि सरकार 'डेपो-प्रोवेरा' तथा 'सायक्लोफ़ेम' नामक दो हारमोन आधारित गर्भ निरोधकों का इस्तेमाल शुरू कराने जा रही है। इन दोनों का ही अभी भारत में परीक्षण नहीं हुआ है। इसी तरह नेट-एन नामक गर्भ निरोधक जिसके खिलाफ़ उच्चतम न्यायालय में मामला विचाराधीन है, का भी प्रयोग परिवार नियोजन कार्यक्रमों के तहत किया जाएगा। यह भी है कि गर्भधारण घटाने के लिए हारमोन पर आधारित इन गर्भनिरोधक गोलियों की खुली बिक्री शुरू की जाए, ताकि गर्भधारण रोकने की इच्छुक स्त्रियाँ इसे जब चाहें आसानी से ख़रीद सकें।

इस पत्र में महिलाओं ने स्वैच्छिक संगठनों तथा निजी प्रैक्टिसकर्ताओं को नसबंदी केन्द्र खोलने को पैसा देने के सरकारी प्रस्ताव को लेकर भी आशंकाएँ व्यक्त की हैं। उनका कहना है कि भारतीय जनता के जीवन की व्यावहारिक सचाइयों को मद्देनज़र रखते हुए, इन सुविधाओं को प्राइमरी स्वास्थ्य केन्द्रों (पी. एच. सी.) तथा सरकारी अस्तपालों में जोड़ा जाना चाहिए, जहाँ पर इस सुविधा पाने की इच्छुक स्त्रियों के समग्र स्वास्थ्य पर भी नज़र रखी जा सकेगी। और अज्ञानवश गलत-सलत ढंग से गर्भ निरोधक गोलियाँ ख़रीदने-खाने से भी स्त्रियों को बचाया जाना चाहिए क्योंकि इन गोलियों के लंबे अर्से तक सेवन से शरीर में हारमोनों के स्राव में गंभीर बदलाव आते हैं; अतः इनको यूँ ही ले लेना घातक हो सकता है।

इसमें कोई शक नहीं कि हमारे देश की आबादी की बेतहाशा बाढ़ पर रोक लगाना ज़रूरी है, और इसके लिए हमारी सरकार तथा संयुक्त राष्ट्र संगठन जैसी संस्थाएँ अधिक धन आवंटित करने का मन बना रही हैं, तो यह भी एक स्वागत योग्य बात है। लेकिन समाजसेवी संगठनों का विगत अनुभव यह है कि जब-जब परिवार नियोजन का मुद्दा तूल पकड़ता है, सरकारी हलकों का दृष्टिकोण तमाम गर्भाधान योग्य स्त्रियों को एक ऐसे अमानवीय 'टारगेट' के रूप में लेता है, जिसे उन्हें येन-केन वित्तीय वर्ष समाप्त होने से पहले 'निबटाना' है। इस निबटाऊ वृत्ति के चलते कई बेहद ज़रूरी मानवीय सवालों की अनदेखी हो जाती है। मसलन यह कि क्या एक ग़रीब स्त्री सिर्फ़ एक कोख है ? क्या गर्भधारण और गर्भपात के कोई मनोवैज्ञानिक आयाम भी होते हैं ? क्या गर्भनिरोधक गोलियाँ देने के पहले उसकी रक्तचाप, हृदय, गुर्दे तथा रक्ताल्पता संबंधी वे तमाम शारीरिक जाँच कर ली गई हैं, जिनका किया जाना चिकित्सा शास्त्रीय दृष्टि से ज़रूरी बनता है ? क्या आज हमारे ग़रीब ग्रामीण इलाक़ों के बुनियादी स्वास्थ्य केन्द्र और इन गोलियों के संभाव्य विक्रेता इस स्थिति में हैं कि वे एक स्त्री को इन दवाओं के साइड-इफेक्ट तथा प्रयोगविधि के बारे में तफसील से बता सकें ? हमारी अधिकतर ग्रामीण स्त्रियाँ यूँ ही रक्ताल्पता की शिकार होती हैं, यदि गोलियाँ खाने से उनके सामान्य स्वास्थ्य में अचानक गिरावट आ जाए तो क्या गोली विक्रेता उसका समय पर सही उपचार कर सकेंगे ? अधिकांश मामलों में उत्तर होगा—नहीं। तब फिर क्या बड़े अफसरों तथा विदेशी दाता संस्थानों को अपनी कारगुज़ारी दिखाकर खुश करने के चक्कर में गर्भनिरोधकों का ऐसा व्यापक और गैरज़वाबदेह वितरण करके हमारा स्वास्थ्य तंत्र लाखों निर्धन-अनपढ़ औरतों के स्वास्थ्य से गंभीर खिलवाड़ न कर रहा होगा ?

रपटों के अनुसार जो भी स्वैच्छिक समाजसेवी संगठन सरकार से वित्तीय अनुदान पा रहे हैं, अब उन पर यह बाध्यता होगी कि वे सरकारी परिवार नियोजन कार्यक्रमों का अपने इलाक़े में प्रचार-प्रसार करें। इसके लिए उन्हें एक लाख से पंद्रह लाख रुपया सालाना तक की ग्रांट मिलेगी। सरकार की मॉडल-योजना है कि इन संगठनों को छोटा परिवार के मुद्दे तथा आबादी नियंत्रण कार्यक्रमों को प्रचुर प्रोत्साहन देना होगा, और इसके लिए वे सरकारी अनुदान से ऑपरेशन थियेटर समेत छः पलंग वाले लघु नसबंदी वार्ड्स भी उन इलाक़ों में बनवा सकते हैं, जहाँ सरकारी हस्पताल और बुनियादी स्वास्थ्य केन्द्र नहीं हैं। यदि कोई निजी चिकित्सक ग्रामीण इलाक़ों में 10,000 जोड़ों अथवा शहरी झोंपड़पट्टी इलाक़ों में 20,000 जोड़ों को परिवार नियोजन की तहत 'कवर' कर सकता है, तो उसे

इस काम के लिए 7.36 लाख रुपए तक का अनुदान दिया जा सकता है। महिला संगठनों का पूछना है कि सरकार खुद अपने चिकित्सा-तंत्र को इस महत्त्वपूर्ण कार्य से क्यों अलग कर रही है ? आवेदनकर्ता स्वैच्छिक संगठनों या डाक्टरों पर इस विषय में उसका इतना गहरा भरोसा क्यों है, जबकि अन्य क्षेत्रों में स्वैच्छिक संगठनों को वह दुरदुराती रही है ?

दरअसल सरकार पर ऋणदाता एजेंसियों तथा सं. रा. संगठन के आग्रह प्रबल हैं। एक अर्से से उत्तरी गोलार्द्ध के विकसित देशों के विशेषज्ञ विकासशील दक्षिणी गोलार्द्ध की बे-लगाम बढ़ती आबादी को लेकर चिंता व्यक्त करते रहे हैं, तथा शीत युद्ध खत्म होने के बाद संयुक्त राष्ट्र संगठन तथा विश्व बैंक जैसी संस्थाओं पर उनका दबाव और वर्चस्व और भी बढ़ गया है। लिहाजा विदेशी मुद्रा ऋण से उपकृत होने वाले सभी विकासशील देशों पर वे लगातार दबाव डाल रहे हैं कि आप तुरंत इतने अर्से के भीतर अपनी आबादी घटा कर इस अंक तक ले आइए तभी हम आपके अमुक प्रोजेक्ट के लिए ऋण-अनुदान देंगे। आप आबादी में कटौती नहीं करेंगे तो हम आपका औद्योगिक विकास नहीं होने देंगे। न आपका माल लेंगे।

पर्यावरण-क्षरण से पहले ही परेशान उत्तरी गोलार्द्ध के मुल्कों के आगे आज अफ्रीका तथा पूर्वी यूरोप में मची तबाही के चलते लाखों अनचाहे शरणार्थियों से निबटने और वहाँ के गृहयुद्धों की आग ठंडी करने का अतिरिक्त उत्तरदायित्व भी मुँह बाए खड़ा है। उनकी सुविधाभोगी जनता अपनी अमानत में अब और खयानत नहीं चाहती क्योंकि वहाँ भी बेरोजगारी तथा पर्यावरणीय क्षति के साये मँडरा रहे हैं। लिहाजा सबसे आसान निष्कर्ष निकाला जाता है, कि दक्षिणी गोलार्द्ध की आबादी घटवाई जाये, जितनी जल्द और जैसे भी हो, ताकि जंगलों की कटान; पेयजल और ऑक्सीजन का असंतुलन पैदा करने वाली इस बेघर भूखी दरवाज़े पर खड़ी शरणार्थियों की भीड़ पर लगाम लगाई जा सके। पश्चिमी संगठनों द्वारा प्रस्तुत अधिकतर शोध-रपटों में यह बात बड़ी चतुराई से छिपा दी जाती है कि कई मायनों में दक्षिणी गोलार्द्ध में भुखमरी तथा पर्यावरण विनाश की वज़हें वे युद्ध तथा तख़्ता पलट विद्रोह हैं, जो विकसित देशों ने ही शुरू कराए। सच तो यह है कि उत्तरी गोलार्द्ध खुद दुनिया की 70 प्रतिशत ऊर्जा, 75 प्रतिशत खनिज तत्त्वों, 85 प्रतिशत लकड़ी तथा 60 प्रतिशत खाद्यान्न का भक्षक है, जबकि वहाँ विश्व की एक-तिहाई से भी कम आबादी बसती है।

विश्वव्यापी प्रदूषण और संसाधनों का विनाश, इनके लिए कौन अधिक उत्तरदायी ठहरता है ?

हड़बड़ी में लागू कराये गये आबादी घटाने के कार्यक्रमों में देर-सबेर ग़रीबों के प्रति ज़ोर-जबर्दस्ती तथा अन्याय कैसे जुड़ने लगते हैं और उसका सामाजिक

फल क्या होता है इसका उदाहरण इंडोनेशिया तथा चीन में देखा जा सकता है जिन्हें उत्तरी गोलार्द्ध परिवार-नियोजन के क्षेत्र में हमारे सामने आदर्श के रूप में रखता रहा है। 1989 में इंडोनेशिया के एक मानवाधिकारवादी संगठन 'तापोल' ने आरोप उठाया था, कि पूर्वी तिमोर में स्कूली लड़कियों को उनके अनजाने में गर्भनिरोधकों के इंजेक्शन दिये जा रहे थे। मामला दबा दिया गया। उधर चीन में एक बच्चा प्रति परिवार क़ानून के कड़ाई से लागू होने पर लाखों नवजात कन्याओं को नदी में डुबाकर मार दिया गया ताकि लोगों की बेटे की हवस पूरी हो सके। इसके दूरगामी परिणाम सामने आ रहे हैं। आज वहाँ युवा माँ-बाप अपने ऐसे इकलौते बच्चों की बिगड़ैल वृत्तियों से चिंतित बताये जाते हैं। पारंपरिक तौर से चीनी युवा अपने वृद्ध परिजनों का भार सहर्ष उठाते रहे हैं, पर अब वहाँ आशंका व्यक्त की जा रही है कि नये माहौल की इकलौतों की यह पीढ़ी ऐसी स्वार्थी होती जा रही है, कि उससे ऐसी कोई भी उदात्त अपेक्षा नहीं रखी जा सकती। स्त्रियों की तादाद में चिंताजनक गिरावट आई सो अलग।

परिवार-नियोजन कार्यक्रमों का महत्त्व तो कतई नकारा नहीं जा सकता, लेकिन जब तक यह कार्यक्रम स्थानीय व्यावहारिकता तथा जन कल्याण की भावना से प्रेरित न होंगे, तब तक न तो आम जनता के बीच उनकी सहज पैठ बनेगी और न ही उन्हें बिना ज़ोर-ज़बर्दस्ती नसबंदी करने के कुफल देश '76 में देख ही चुका है, और उन्हें दोहराने की इच्छा कोई भी ज़िम्मेदार सरकार या संगठन नहीं रखेंगे। तो सही रास्ता यही है कि धीरज के साथ गर्भरोध के नये तरीके अपनाये तो जायें, पर जनता को विश्वास में लेकर पूरी प्रारंभिक जाँच के साथ ! साथ ही समग्र स्वास्थ्य की चिंता भी की जाए। यदि गर्भनिरोधक पाने के साथ हर स्त्री-पुरुष के सामान्य स्वास्थ्य की समग्र जाँच हो जायेगी, तो यह तो दीर्घकालिक दृष्टि से लाभकारी ही होगा। इस सुविधा के मिलने से न केवल अधिक लोग स्वास्थ्य केन्द्रों तक आएँगे, बल्कि शायद उनके ऐसे कई रोग पकड़ में भी आ जायें जो ग़रीबी और अज्ञान के कारण समय रहते सामने नहीं आ पाते। यह निर्विवाद है कि इसके लिए हमारे सरकारी स्वास्थ्य तंत्र का बहुत बड़ा और खासा खर्चीला विस्तार किया जाना भी ज़रूरी बनता है। यह इलाक़ा चूँकि अर्से से उपेक्षित रहा अतः लगे हाथों यह ज़रूरी पुण्य कार्य हो जाये तो बुरा क्या है ?

वह ढीला या अपर्याप्त भले ही हो, पर हमारा सरकारी स्वास्थ्य तंत्र अभी भी काफ़ी चिकित्सकीय कुशलता और संभावनाएँ अपने भीतर समेटे हुए है; और देशव्यापी पहुँच तो उसकी है ही। यह बातें सभी तरह के निजी चिकित्सालयों और समाजसेवी संगठनों पर पूरी तरह लागू नहीं होतीं। लिहाजा जैसा कि इन

महिला संगठनों ने सरकार से अपील की है, जो अतिरिक्त वित्तीय संसाधन हमें परिवार नियोजन कार्यों के लिए मिल रहे हैं, उनका सदुपयोग हमारे सरकारी स्वास्थ्य तंत्र को अधिक व्यापक, संसाधनयुक्त और कुशल बनाने में किया जाना चाहिए। स्वैच्छिक संगठन सरकारी प्राथमिक चिकित्सा केंद्रों के पूरक-आनुषंगिक अंग ज़रूर बनें, लेकिन उनका पूर्ण विकल्प बन पाना उनके लिए संभव न होगा, और न ही ऐसा सोचना और करना व्यावहारिक होगा।

देश की जनता की आबादी यदि सरकार की चिंता का विषय है, तो उस आबादी के स्वास्थ्य की चिन्ता क्यों कर उसको न हो ? खासकर उन औरतों की, जिनकी मदद के बिना बड़े से बड़ा परिवार नियोजन तथा कल्याण कार्यक्रम सफल नहीं हो सकता ? स्त्रियों का भरोसा और सद्भाव अगर हमारे परिवार नियोजन कार्यक्रमों को मिल गया, तो फिर वे सफलता की ओर स्वतः बढ़ निकलेंगे। पर स्त्रियों के ऐसे सद्भाव को जीतने के लिए सरकार को उनकी प्रजनन-शक्ति को 'नियोजन' की नहीं 'कल्याण' की दृष्टि से देखना होगा।

दूधो नहाएँ, लेकिन कृपया पूतों न फलें

पुराने ज़माने में भारतीय बुज़ुर्गों का सुहागवंतियों के लिए एक स्टैंडर्ड आशीर्वचन होता था—दूधो नहाओ और पूतों फलो। लेकिन अभी ख़बर आई है कि भारत की राष्ट्रीय विकास परिषद द्वारा गठित उच्चस्तरीय जनसंख्या समिति ने साल भर तक स्थिति का अध्ययन करने के बाद एक सौ दस पन्नों की इस रपट में इस आशीर्वाद के फलितार्थ पर कुछ गंभीर मुद्दे उठाए तथा सुझाव दिये हैं। समिति की छानबीन का निष्कर्ष है कि यदि देश का सही विकास होना है, तो हमें अपनी आबादी को नियंत्रित करना ही होगा। यानी दूधो नहाने की इच्छा हो तो पूतों फलने की भारतीय कामना को तुरंत लगाम देनी होगी। स्थिति इतनी गंभीर है कि जो लोग इस सलाह को सीधे न मानना चाहें, उन पर टेढ़ा दबाव डालना होगा, क्योंकि अब पानी सर पर से गुज़रने ही वाला है। समिति का सुझाव है कि सरकार का दबाव सक्षम तौर से सबसे पहले खुद सरकारी महकमों से शुरू हो। लिहाजा दो से अधिक बच्चों के जन्मदाता या न्यूनतम उम्र से पहले बच्चों की शादी कर देने वाले सरकारी कर्मचारियों को दंडस्वरूप राशन, प्रोन्नति, सरकारी क्वार्टर तथा ज़मीन पट्टे के आवंटन जैसी बहुमूल्य सुविधाओं से वंचित किया जाये तथा चौथा बच्चा पैदा करने पर तो कर्मचारी की छुट्टी कर दी जाये। हाँ, यदि ऐसे दंडित दंपति नसबंदी कराने को राज़ी हो जायें अथवा पत्नी संतानोत्पत्ति की आयु रेखा पार कर चुकी हो, तो यह दंड निरस्त किया जा सकता है।

समिति ने यह भी सुझाव दिया है कि छोटे परिवार की पेशकश करने के काम में धार्मिक नेताओं का भी सहयोग लिया जाए, क्योंकि धर्मप्रवण भारतीय ऐसे निजी मसलों में सरकार की भले ही न सुनें, धर्मगुरुओं की बात को ज़रूर कहीं मन में बाँध लेते हैं। इसके साथ ही जनचेतना जाग्रत करने को मीडिया, शिक्षा संस्थाओं तथा नागरिक संगठनों की भरपूर मदद भी सरकार को जुटानी होगी।

इसमें शक नहीं कि स्थिति सचमुच भयावह है। चालीस के दशक में 'वंदेमातरम्' के रचयिता ने जिन 'द्वात्रिंश कोटि जन' (32 करोड़) भारतीयों का ज़िक्र किया था, उनकी संख्या आज 87 करोड़ हो गई है। यदि हर वर्ष हमारी जनसंख्या 2.1 प्रतिशत की मौजूदा रफ़्तार से यूँ ही बढ़ती रही, तो वर्ष 2027 में हम 174 करोड़ तथा 2062 में 348 करोड़ हो जाएँगे। ऐसा नहीं है कि भारत सरकार ने आज ही परिवार नियोजन की ज़रूरत पर सोचना शुरू किया हो। हमारा परिवार कल्याण नियोजन कार्यालय आज चालीस वर्ष का हो चुका है। पर कुछ तो हमारे लोगों की कठमुल्लाई जड़ता, कुछ राजनेताओं में संजय गांधी युग के डण्डामार नसबंदी कार्यक्रमों की चुनावी परिणति का खौफ़, इन सबके चलते सरकारी प्रयास खास कारगर न हो सके। नसबंदी या परिवार नियोजन उपकरणों की मुफ़्त बाँट और नाना प्रकार के अन्य (कैश, साड़ी या घी-तेल जैसे) प्रलोभन भी भारतीय परिवारों की स्फीति में लगाम नहीं लगा सके हैं, इसके लिए हमें आँकड़े देखने की ज़रूरत नहीं रही, भीड़ से फटी पड़ रही सड़कों पर नज़र डालना ही काफ़ी होगा।

यह अच्छा है कि एक ऐसी उच्चस्तरीय समिति जिसमें केरल, कश्मीर, तमिलनाडु, राजस्थान तथा मध्य प्रदेश के वर्तमान या भूतपूर्व मुख्यमंत्री शामिल थे, आज देश के कानों में नगाड़ा बजाकर कह रही है कि यह आपदा शेष सभी समस्याओं से पहले सुलझाई जानी चाहिए। अरसे से हमारी संसद ही नहीं, हमारी शिक्षण संस्थाओं तथा उच्चस्तरीय बौद्धिक संस्थानों सभी ने इस मुद्दे को ठंडे बस्ते में डाल रखा है। हमारे यहाँ जब-जब महानगरों में बढ़ती हिंसा तथा आवासीय समस्या, पर्यावरण क्षरण अथवा पेयजल आपूर्ति जैसी राष्ट्रीय समस्याओं की चर्चा होती भी है तो बात उनके ऊपरी लक्षणों तक ही सिमटी रहती है। इन सभी समस्याओं का मूल आबादी की जिस बढ़त में छुपा है, उस तक चर्चा पहुँचती ही नहीं। आम जनता के मन में परिवार नियोजन का मतलब रह गया है, जबरिया नसबंदी, और ग्रामीण स्वास्थ्य कार्यकर्ताओं के लिए इसका संबंध बस सालाना लक्ष्य की पूर्ति तक ही सीमित है। राजनेता मंत्रों से इस पर बोलने से न सिर्फ़ कतराते हैं, कई बड़े नेताओं के अपने परिवारों की संख्या भी गवाह है, कि इस मुद्दे को गंभीरता से कतई नहीं लेते। समिति का यह कहना एकदम सही है कि नर्म-दिल रुख से कुछ नहीं होने का। समस्या का आकार तथा समय का तेजी से सरकता रथ देखते हुए कुछ अप्रिय-कठोर क़दम उठाने भी पड़ें तो हर्ज़ नहीं।

लेकिन यहाँ पर गत चालीसेक बरसों में हमारे परिवार नियोजन कार्यक्रम लगातार

विफल क्यों होते रहे, इसे समझने के लिए हमें उन वज़हों पर भी एक नज़र डालनी होगी, जिनके चलते भारतीय जनता का अधिसंख्य भाग दो से अधिक बच्चे पैदा करता है। सबसे बड़ी वज़ह है, जन-मन में असुरक्षा का अहसास। एक गरीब मुल्क में, जहाँ प्रायः जवानी भी एक बोझ लगती हो, बेसहारा बुढ़ापा तो मृततुल्य लगता है। अपने यहाँ तो बच्चे भी बुढ़ापे की असहाय अवस्था में गरीब माँ-बाप की लाठी बनते हैं और गरीबी के कारण ग़रीब के घर जन्मे बच्चे का पूर्ण आयुष्य पाना (असंभव नहीं तो) तयशुदा तौर से दुष्कर है अतः जाहिर है लोग-बाग अपने भविष्य की सुरक्षा तय करने को ज़रूरत से ज़्यादा संतानें पैदा करेंगे ही। तिस पर भारतीय समाज में बेटे जो आध्यात्मिक तथा भौतिक मोल है, उसे देखते हुए बेटों की बड़ी तादाद के प्रति एक सहज ललक भी समाज में जड़ पैठा चुकी है। हाँ, जिन परिवारों, इलाक़ों में बेटे-बेटियों को पढ़ाने-लिखाने और भरपेट भोजन दे पाने की सामर्थ्य है, वहाँ परिवारों का आकार स्वयंमेव सीमित और तर्कसंगत होता गया है। शायद इसीलिए जनसंख्या विशेषज्ञ कहते हैं कि विकास सबसे बढ़िया गर्भनिरोधक है।

विकास तथा परिवार नियोजन की चर्चा हो तो अपने यहाँ अफ़सरशाही में यह एक फैशन-सा हो गया है कि आदर्श के रूप में चीन और ताईवान के परिवार नियोजन कार्यक्रमों को प्रस्तुत किया जाए। इस बात का उल्लेख शायद ही कभी होता हो कि कम्युनिस्ट चीन में जिन जबरिया तरीक़ों से एक बच्चा प्रति परिवार का सिद्धांत लागू करवाया गया है (जिसके चलते वहाँ नवजात बच्चियों को हत्या ग्रामीण इलाक़ों में आम हो गई है) वे तरीक़े हमारे जैसा लोकतांत्रिक देश नहीं अपना सकता। उल्लेखनीय है कि अपने यहाँ केरल तथा तमिलनाडु दो राज्य ऐसे हैं जिन्होंने परिवार नियोजन के क्षेत्र में अभी ही सन् 2000 का राष्ट्रीय लक्ष्य (1000 लोगों के पीछे 21 की जन्म दर) पर लिया है। इन दोनों राज्यों ने यह चमत्कार किसी डंडे के आतंककारी ज़ोर से नहीं पैदा किया, बल्कि यह उनकी सरकारों द्वारा कुछ वर्षों से लगातार अपनाये गये कुछ तर्कसंगत क़दमों का सुफल है। ये क़दम थे, स्त्री-साक्षरता दर को पुरजोर बढ़ा देना, बालमृत्यु दर में सप्रयास कमी लाना तथा शादी की न्यूनतम उम्र (18 वर्ष की लड़की तथा 21 वर्ष का लड़का) को चुस्ती तथा कड़ाई से लागू करवाना। आंध्र प्रदेश तथा महाराष्ट्र राज्यों ने भी इस क्षेत्र में शाबाशी पाने लायक प्रगति दिखाई है। आंध्र प्रदेश में 1984 से 1991 के बीच जन्मदर प्रति हज़ार 31.2 से घटकर 26 तक आ गई और इसी अवधि में महाराष्ट्र में भी यह दर 28.5 (प्रति हज़ार) से घटकर 26.2 हो गई है।

अंधकार और पिछड़ेपन का कोई क्षेत्र फिलवक्त बचा है तो वह है अपनी हिंदी पट्टी। इन्हीं क्षेत्रों में स्त्री-अशिक्षा दर तथा बालमृत्यु दर अभी भी औसत से कहीं ऊँची हैं और बाल विवाह भी धड़ल्ले से हो रहे हैं। हाल में 1992-93 के राष्ट्रीय आर्थिक सर्वेक्षण में भी इस पट्टी में ग़रीबी तथा आबादी-विस्फोट में चोली-दामन का साथ स्वीकार किया गया है। यह दुखद है कि इस क्षेत्र में कुछेक लोगों द्वारा भ्रांतिवश या (राजनैतिक स्वार्थसिद्धि को) जानबूझ कर प्रचार किया जा रहा है कि हिंदीपट्टी में आबादी बेतहाशा बढ़ाने के लिए एकमात्र मुस्लिम समुदाय ही उत्तरदायी है। वे तर्क देते हैं कि एकाधिक विवाह करने की प्रथा तथा धर्म द्वारा परिवार नियोजन निषेध के कारण अल्पसंख्यकों की तादाद बहुसंख्य समाज की अपेक्षा कहीं अधिक तेज़ी से बढ़ रही है। जबकि सच्चाई यह है कि राष्ट्रीय जनगणना आँकड़ों के अनुसार बहुपत्नी प्रथा का सर्वाधिक प्रचलन हमारे जनजातीय कबीलों में पाया गया है 15.25 प्रतिशत, उसके बाद बौद्धों में 7.97 प्रतिशत जैनों में यह प्रतिशत 6.72 पाई गई तो हिंदुओं में 5.80 प्रतिशत। और अंतिम नंबर पर मुसलमान आते हैं 5.80 प्रतिशत । यह भी एकाधिक इस्लामी विद्वानों ने स्पष्ट किया है कि इस्लाम गर्भ-निरोध के खिलाफ़ नहीं है बल्कि समय-समय पर अनेक उलेमाओं ने परिवार-नियोजन के पक्ष में विश्व के कई देशों में स्थापनाएँ भी जारी की हैं।

यदि मुस्लिम समुदाय में जन्म दर आंशिक रूप से ऊँची है हिंदू शहरों में 5.7 तथा गाँवों में 4.2 प्रतिशत, मुस्लिम शहरों में 6.2 प्रतिशत तथा गाँवों में 4.9 प्र.श. तो उसकी वज़ह है उनकी बिरादरी के अधिसंख्य लोगों में व्याप्त ग़रीबी और निरक्षरता। देश भर में ग़रीब तथा निरक्षर परिवारों में, वे चाहे जिस भी संप्रदाय से जुड़े हों, बच्चे अधिक जनमते हैं।

यह एक सर्वमान्य सच्चाई है कि परिवार नियोजन अपनाया जाना (यानी प्रकारान्तर से जन्मदर) का सीधा रिश्ता लोगों के सामाजिक-आर्थिक परिवेश से बनता है धर्म से नहीं। इसमें उनकी नौकरी या पेशे का प्रकार, आमदनी, तकनीकी तक पहुँच, बाल विकास दर तथा शिक्षा-दर बेहद महत्त्वपूर्ण रोल अदा करते हैं। उदाहरण के लिए केरल के मालाबार तट पर जहाँ मुस्लिम आबादी 40 प्रतिशत है, मुस्लिम समुदाय की जन्म दर, उत्तर प्रदेश के मुस्लिम समुदाय से कहीं कम है। इसी तरह यद्यपि कैथोलिक धर्म गर्भ निरोध या गर्भपात की इजाजत नहीं देता, गोवा तथा केरल राज्यों में (जहाँ कैथोलिक समुदाय की संख्या काफ़ी बड़ी है) जन्म-दर देश की औसत से कहीं कम है।

इसलिए आज सही ज़रूरत यह है कि हम बेवज़ह जाति-धर्म और भाषा के डंडे

भाँजने की बजाय जनसंख्या की स्थिति को समुदायों की प्रान्तवार मानवीय स्थिति से जोड़कर उस पर नियंत्रण करने की ऐसी योजनाएँ बनायें, जिनके केंद्र में मनुष्य तथा समाज की व्यावहारिक समझ हो, वोटबैंक या मात्र सरकारी तौर से निर्धारित लक्ष्य नहीं। तकनीकी उपकरण तथा प्रबंधन कौशल (बेहतर तथा सस्ते परिवार-नियोजन उपकरण, दूरदर्शन पर कार्यक्रम, लक्ष्यों का निर्धारण, विभागों का गठन) आदि परिवार नियोजन लागू कराने को ज़रूरी तो हैं, लेकिन इनसे कहीं अधिक ज़रूरी है, शिक्षा और स्वास्थ्य से जुड़ी जन-हितकारी विकास-योजनाओं के कार्यक्रमों को समुचित तौर से लागू करना। अभी कार्यक्रम तो बहुत हैं, पर नितांत उपेक्षित। मानवीय संसाधन विकास मंत्रालय की नवीनतम रपट बताती है कि भारत सरकार तथा विदेशी संस्थाओं (जैसे नार्वे की विकास संस्था नौरैड) के द्वारा बनाई गई कई स्त्री-कल्याण तथा बाल विकास योजनाओं तथा उनके लिए उपलब्ध कराई गई रकमों का सुचारु निवहन नहीं हो पाया है। औरतों को ट्रेनिंग तथा नौकरी दिलाने के लिए जिस 11 करोड़ की राशि का प्रावधान था। उसमें से 31 जनवरी, 1993 तक मात्र 1.55 करोड़ ही बँट पाया। 3400 कामकाजी औरतों के रहने को प्रस्तावित 80 अतिरिक्त हास्टल बनने थे, स्वीकृत हुए कुल तेरह, जिनसे मात्र 969 स्त्रियाँ लाभान्वित होंगी। इसी तरह हथकरघा बुनकरी, छपाई सिखाने को औरतों के लिए बजट में प्रस्तावित 4 करोड़ की राशि में से 31 जनवरी तक मात्र 52 संस्थाओं को मात्र 1.90 करोड़ की राशि ही बाँटी जा सकी थी। जब तंत्र की शिथिलता से विकास और शिक्षा के ज़रूरी लाभ औरतों-बच्चों को मिले ही नहीं, तो परिवार कल्याण कार्यक्रम उनके बीच जड़ कैसे पकड़ेंगे ?

स्त्री साक्षरता में वृद्धि और विकेंद्रीकृत आर्थिक विकास, ये दो ऐसे तत्त्व हैं जो जाहिरा तौर से सरकारी परिवार-नियोजन कार्यक्रमों से भले ही जुड़े न दीखें पर वस्तुस्थिति गवाह है कि वे उसकी सफलता की बुनियादी शर्त हैं। आज, जबकि मानव संसाधन तथा परिवार कल्याण मंत्रालयों के अलावा राष्ट्रीय महिला आयोग जैसी शीर्ष संस्था तथा कामकाजी महिलाओं के विकास हेतु एक राष्ट्रीय महिला कोष का भी अलग से गठन हो चुका है, इस बात की बेहद ज़रूरत है कि अब इन दोनों संस्थाओं को ठोस नेतृत्व क्षमता वाले लोगों और प्रबुद्ध जन-संगठनों से राष्ट्रीय स्तर पर जोड़कर सचमुच में कारगर भी बनाया जाये। अपने यहाँ प्रायः ऐसी संस्थाएँ बना तो दी जाती हैं पर बनने के बाद वे अक्सर रिटायर्ड नौकरशाहों अथवा थके हुए राजनेताओं या उनकी बहू-बेटियों की कार्यभूमि बनकर रह जाती है। कागज़ों पर उन्हें प्रतिष्ठा भले ही दी गई हो, लेकिन अधिकार और ठोस वित्तीय सहायता प्रायः उपलब्ध नहीं कराये जाते। न तो उनके सुझावों की खास सुनवाई होती है और न ही उनके कामकाज की

चुस्त समीक्षा। उच्चस्तरीय अफ़सरशाही या वज़नी राजनैतिक नेताओं का तो उनसे कोई सीधा-सघन संपर्क या नाता ही नहीं होता। लिहाजा हमारे महत्त्वपूर्ण लोग मस्जिद-मंदिर के तनावों, बंबई के हिंसक धमाकों, कलकत्ता की झोंपड़पट्टियों या दिल्ली के पेय जलसंकट की चर्चा में बैठक दर बैठक अपना अमूल्य समय लगाते चले जाते हैं, बग़ैर यह जाने-समझे कि उनकी ऐन नाक के तले इन सब कष्टों की जड़, यानी बढ़ती आबादी के उत्कट दबाव एक टाइम बम की तरह टिकटिकाते जा रहे हैं। आज न हमारे राजनेता अपने परिवारों में सीमित परिवार का आदर्श स्थापित करते हैं, न ही स्त्री-शिक्षा और कामकाजी स्त्रियों की स्थिति जैसे मुद्दों को राष्ट्रीय महत्त्व देते हैं। शायद मुंबई के धमाकों की ही तरह जब कभी आबादी में एक बड़ा विस्फोट होगा तो वे चौंक कर पूछेंगे कि अरे यह कैसे घट गया ? और फिर एक विदेशी हाथ की खोज में जुट जाएँगे।

विश्व की सबसे बड़ी चिंता : आबादी नियंत्रण

संयुक्त राष्ट्र संगठन के जनसंख्या न्यास के तत्त्वावधान में अगले महीने 5 सितंबर से मिस्र की राजधानी कैरो में एक विशाल अंतर्राष्ट्रीय संगोष्ठी होने जा रही है। बैठक में 170 देशों के प्रतिनिधि दुनिया की आबादी की स्थिति और आबादी-बहुल ग़रीब और विकासशील देशों में आबादी-नियंत्रण नीतियों पर उच्चस्तरीय विचार-विमर्श करने के बाद ज़रूरी दिशा-निर्देश प्रस्तुत करेंगे। आमतौर पर संयुक्त राष्ट्र संगठन के नौकरशाही-बहुल तंत्र की संगोष्ठियाँ, चंद उबाऊ तथा बातून विद्वज्जनों और बड़बोले अंतर्राष्ट्रीय नौकरशाहों के जमावड़े बनकर ही रह जाती है। लेकिन इस बार ऐसा होने की संभावना कम है। आज अधिकतर विकासशील और पिछड़े देश अंतर्राष्ट्रीय संस्थाओं के ऋणों, अनुदानों तथा बहुराष्ट्रीय कंपनियों के पूँजीनिवेश पर बुरी तरह निर्भर हो चुके हैं। अतः आबादी-नियंत्रण के मुद्दे को अमीर मुल्क, ग़रीब देशों पर दबाव डालने तथा उनकी विकास नीतियों और सामाजिक संरचनाओं के बीच भारी हस्तक्षेप के लिए एक मोहरे की तरह इस्तेमाल कर रहे हैं। सं. रा. संगठन की अफ़सरशाही ने अपनी 113 पन्ने की प्रारूप रपट में संकेत दे भी दिया है कि इस बैठक का केन्द्रीय लक्ष्य होगा, 'आबादी और संसाधनों के बीच एक संतुलन बनाये रखना।' यानी सामान्य भाषा में यह, कि ग़रीब देश अपनी बढ़ती आबादी पर नियंत्रण कितना तथा कैसे साधें। कहना न होगा कि इस बैठक के सुझावों को अनदेखा करने की संभाव्य सज़ा होगी, उन विकास-अनुदानों से हाथ धोना, जो अंतर्राष्ट्रीय खेमा उन्हें देता रहा है।

हर बड़े लक्ष्य की स्थापना के साथ कुछ सार्थक उदाहरण भी पेश किए जाते हैं। यह अनायास नहीं है, कि आज एशियाई देशों को चीन का उदाहरण बार-बार एक प्राप्य आदर्श के रूप में दिया जा रहा है। अंतर्राष्ट्रीय राजनीति के सत्तावान धड़े की राय में साम्यवादी चीन ने अपनी आबादी पर जो नियंत्रण पाया है, वह

शेष एशियाई देशों के लिए भी अनुकरण का विषय है।

यह किसी से छिपा नहीं है कि साम्यवादी चीन में कठोर अनुशासन की हामी सरकार ने 1970 में जो एक-बच्चा-फ़ी-परिवार का राष्ट्रीय लक्ष्य तय किया था, उसे सार्थक कर पाने के लिए राज्य ने कैसी कठोरता और बर्बरता अपने नागरिकों के प्रति अपनाई है। वहाँ दस करोड़ महिलाओं को जबर्दस्ती गर्भाशय में 'लूप' लगवाने को मज़बूर किया गया, और हर तीन महीने में उनका एक्स-रे लिया जाता रहा कि कहीं उन्होंने बच्चे की चाह में यह उपकरण हटवा तो नहीं लिया ? लाखों महिलाओं को जान पर जोखिम मोल लेकर भी दूसरे गर्भ का गर्भपात करवाना पड़ा। और यदि सबके बावजूद किसी दंपति ने दूसरा बच्चा पैदा कर ही डाला, तो उनको कठोरतम आर्थिक दंड दिया गया। कहना न होगा कि चीन को आदर्श बताने वाली अंतर्राष्ट्रीय लॉबी के मठाधीशों ने इन तमाम बर्बरताओं को मात्र इसलिए क्षम्य मान लिया है कि वह विश्व-पर्यावरण को बिगाड़ने वाले करोड़ों मानव भ्रूणों को जन्म लेने से रोक सकीं। उनके द्वारा एक दुर्बल तर्क दिया जा रहा है कि हाँ, चीन में ऐसा हुआ तो था, लेकिन वह विगत की बात है। आज, जबकि वहाँ आबादी काबू में आ चुकी है, ऐसी कठोरता स्वतः ख़त्म हो गई होगी।

इसी अवधारणा के तहत अमरीकी आबादी-नियंत्रणवादियों की एक लाबी भी अंतर्राष्ट्रीय मैदान में उतर आई है। उनको रोमन कैथोलिक चर्च के प्रमुख पोप जॉन पॉल द्वितीय से शिकायत है कि वे गर्भपात को चर्च की ओर से स्वीकृति नहीं दे रहे, जिसके कारण उनके अनुयायी लाखों रोमन कैथोलिक परिवारों की औरतें अनचाहे शिशुओं को जन्म देने को बाध्य हैं। चर्चित सिने-अभिनेत्री और सामाजिक कार्यकर्त्री जेन फौण्डा ने तो यहाँ तक कह डाला है कि उन्हें लगता है कि रोमन कैथोलिक चर्च तथा मुस्लिम नेताओं के बीच इस बाबत कोई गुप्त समझौता है, जिसकी तहत वे सब अंतर्राष्ट्रीय अजंडे से गर्भ नियंत्रण का मुद्दा हटवाते रहे हैं, और उन्हीं की वज़ह से आज दुनिया में आबादी का टाइम बम फटने की स्थिति में आ चुका है।

यह सच है कि रोमन कैथोलिक चर्च तथा इस्लाम (बलात्कार या जबरन सेक्स के परिणामों से इतर गर्भ को) स्वैच्छिक गर्भपात को अनैतिक मानते हैं, यह भी सच है कि इंडोनेशिया में राजनेताओं द्वारा परिवार नियोजन में धार्मिक प्रोपेगेण्डा का सहारा लिया गया है लेकिन इस्लामी धर्मगुरुओं ने इस तरह का कोई अंतर्राष्ट्रीय तेवर नहीं प्रकट किया है। उल्टे मिस्र के प्रमुख इस्लामी गुट के प्रमुख ने आबादी-नियंत्रण संगोष्ठी के प्रस्तावित मसौदे को अपनी मंजूरी दे

दी है। यह सुखद है कि इस तमाम सतही बहस में यह बात सिरे से भुला दी जा रही है कि गर्भपात न कराने के लिए स्त्रियों पर दबाव डालना जितना अनुचित है, उतना ही चीन द्वारा अनिच्छा और जोख़िम के बावजूद गर्भपात कराने के लिए माँओं को बाध्य करना भी अनुचित ठहरता है।

एक बात और भी है ! धर्म गुरुओं ने और धर्मग्रंथों ने बार-बार कहा है कि एक देश की आबादी बढ़ने या घटने का उस देश की सारी जनता के आर्थिक विकास और पर्यावरण की दशा से कोई सीधा रिश्ता नहीं होता। आज दुनिया के आबादी विशेषज्ञ भी यही कह रहे हैं कि देशों की आर्थिक विकास और पर्यावरण की दशा इस तरह अधिक निर्भर करती है कि देश में जो है, जितना है उसका वितरण और उपभोग कैसे और कितने अधिक लोगों द्वारा किया जा रहा है, इस पर नहीं, कि उस देश में कितने लोग हैं। कुछ साल पहले पेयजल समस्या को लेकर चमोली के एक कलेक्टर की कोठी पर धरना दे रही औरतों ने उनसे कहा था, जितना पानी तुम्हारा बच्चा खेल-खेल में पीता और गिराता है, उतने पानी में हमारा पूरा कुटुम्ब पलता है। यह बात अंतर्राष्ट्रीय परिदृश्य पर भी बखूबी लागू होती है। पश्चिमी देशों में जेन फौण्डा जैसे लोगों पर यह भ्रम हावी है कि हर नया एशियाई बच्चा विश्व पर्यावरण और संसाधनों पर एक नई आफत है; जबकि सच तो यह है कि पश्चिमी मुल्कों का हर बच्चा अपने जीवनकाल में एशिया-अफ्रीका के कई हिस्सों के एक पूरे के पूरे परिवार से अधिक विश्व संसाधन अपने पर खर्च करेगा।

विश्व बैंक के जनसंख्या विशेषज्ञ भले ही द. पू. एशियाई देशों की जनसंख्या दर में आई गिरावट से संतुष्ट न हों, लेकिन वे भी इससे इनकार नहीं कर सकते कि यहाँ के लगभग सभी देशों में आबादी की वृद्धि दर घटी है क्योंकि स्थानीय नीतियों के तहत वहाँ इस बीच स्त्री-शिक्षा सायास बढ़ाई गई है, और इससे अब बाल-मृत्यु दर भी वहाँ घटने लगी है। कुल मिलाकर हमारा आबादी-नियंत्रण मॉडल चीन से भिन्न है और होना ही चाहिए। और उसकी सही धुरी भी यही होनी चाहिए, यानी स्त्रियों तथा कन्या शिशु के प्रति अतिरिक्त उदारता। यह अनायास नहीं कि हमारे यहाँ जिन राज्यों—केरल, तमिलनाडु और गोआ—ने आबादी की बढ़ोतरी पर पूरी तरह काबू पा लिया है, उन सभी में स्त्री-पुरुषों का अनुपात राष्ट्रीय औसत से कहीं बेहतर है।

ऐसा भी नहीं है कि आबादी-नियंत्रण के कार्यक्रम विकासशील दुनिया में हर जगह असफल रहे हों। 1960 के दशक में जो ख़तरे की घंटी बजी थी, उसके बाद से अब तक विकासशील देशों में एक महिला के औसत बच्चों की तादाद 6 से घटकर 4 पर आ गई है। '60 के दशक में परिवार नियोजन उपकरणों का प्रयोग करनेवाली युवा औरतों की तादाद कुल की मात्र दस फीसदी हैं। आज

यह बढ़कर पचास फीसदी हो चुकी है। साथ ही इन देशों की औसत जनसंख्या वृद्धि दर 2.1 प्रतिशत से घटकर 1.6 प्रतिशत पर आ गई है। पर बेहतर पोषाहार तथा चिकित्सा-सुविधाएँ बढ़ने से बालमृत्यु-दर घट गई है। जिससे आबादी वृद्धि की कुल दर अभी भी चिंताजनक बनी हुई है।

एशिया के सफलतम उदाहरणों में थाईलैंड आता है जहाँ जन्मदर प्रति स्त्री 6.4 से घटकर 2.2 रह गई है। इसी तरह श्रीलंका में भी जन्मदर 5.3 से घटकर 2.5 पर आ गई है। भारत में जन्मदर 5.9 पर थी, जो घटकर 3.2 रह गई है, पर अपने उपरोक्त दो पड़ोसियों की तुलना में हम अभी कुछ पीछे हैं। याद रखने योग्य बात यह भी है कि इस्लामी देश ईरान तथा कैथोलिक देश पेरु ने, अपने यहाँ आबादी-नियंत्रण में उल्लेखनीय सफलता हासिल की है, यह बात पश्चिम की उस भ्रांति को निरस्त करती है कि धर्मप्रवण जनता वाले देशों में आबादी-नियंत्रण नहीं हो रहा है।

आज दुनियाभर में आबादी-विशेषज्ञों की यह राय बनती जा रही है कि लोकतांत्रिक देशों में आबादी-नियंत्रण अधिसंख्य जनता को स्वास्थ्य-संरक्षण, शिक्षा तथा राजनैतिक अधिकार मुहैया कराये बिना नहीं किया जा सकता। खुद हमारी आठवीं पंचवर्षीय योजना का प्रपत्र राष्ट्रीय आबादी नीति पर कहता है कि स्त्री-साक्षरता, विवाह-योग्य आयु सीमा, स्त्रियों के लिए रोजगार के अवसर और समाज में उनकी स्थिति ये उतने ही महत्त्वपूर्ण हैं जितना कि सही प्रसूति सुविधाओं की उपलब्धि, बाल-मृत्यु दर में कमी तथा पाँच साल तक के सब बच्चों के लिए सही पोषाहार की व्यवस्था। इन कारकों की चिंता किए बिना जन्म-दर पर नियंत्रण नहीं पाया जा सकता।

कुल मिलाकर आबादी-नियंत्रण एक ऐसा मसला है, जिसके लिए बिना सोचे समझे शॉर्टकट अपनाना, अनजानी आफतों को न्योतना हो सकता है।

क्या बरमूदा त्रिकोण है हिंदी पट्टी ?

पश्चिमी अटलांटिक महासागर में फ्लोरिडा प्यूएर्टो-रिको बरमूदा, क्षेत्रों के बीच एक इलाका है, जिसे 'बरमूदा-त्रिकोण' कहा जाता है। कई जहाज़ों तथा विमानों को यह रहस्यमय ढंग से लील चुका है। रोचक तथ्य यह है कि इस विनाशकारी सुरसा–त्रिकोण के शिकार अपने पीछे कोई ऐसा चिह्न नहीं छोड़ जाते, जिससे पता चल सके कि वे आख़िर नष्ट हुए तो कैसे ?

हाल में प्रकाशित वर्ष 1991 के दससाला जनगणना-आँकड़े आबादी बहुल उत्तर भारत में लड़कियों को लीलने वाले एक ऐसे क्षेत्र को उजागर करते हैं, जो राजस्थान (जैसलमेर ज़िला छोड़कर) हरियाणा (जींद ज़िले के अतिरिक्त), उत्तर प्रदेश तथा मध्य प्रदेश राज्यों से मिलकर बना है। जनगणना के दौरान इस क्षेत्र में एक हज़ार पुरुषों के पीछे मात्र 850 महिलाएँ पाई गई हैं जबकि हमारा राष्ट्रीय औसत 1000 मर्दों के पीछे 929 स्त्रियों का ठहरता है, और शेष विश्व में स्त्रियों का औसत 1000 पुरुषों पर 1012 के लगभग का है।

सवाल उठता है, कि आख़िर जब कुदरती तौर से पुरुष शिशु से अधिक जीवनी शक्ति कन्या शिशु में पाई जाती है, और दुनिया भर में स्त्रियों की उम्र दर पुरुषों से अधिक दीखती है, तो फिर नार्यस्तु यत्र पूज्यन्ते का जोरदार नारा लगाने वाले जम्बूद्वीप, भरतखंड के आर्यावर्त क्षेत्र में ललनाएँ इतनी कम क्यों ? इतनी बड़ी तादाद में वे कहाँ और कैसे बिना पीछे कोई साक्ष्य छोड़े लुप्त होती गई हैं ? 1901 की जनगणना में तो 1000 पुरुषों के पीछे 997 स्त्रियों का औसत था।

सवाल का उत्तर पाने के लिए संयुक्त राष्ट्र संघ की बाल-कल्याण तथा शिक्षा संस्था (यूनीसेफ़) की वर्ष 1991 की उस रपट पर नज़र डाल लेना समीचीन होगा, जो ब्यौरेवार आँकड़ों द्वारा प्रमाणित करती है कि हिंदी क्षेत्र की अधिकांश कन्याओं की मृत्यु जन्म के पहले उन पाँच सालों के बीच होती है, जब वे पूरी

तरह परिवार के संसाधनों पर अपनी जीवन-रक्षा के लिए निर्भर होती हैं। लड़कियों की इस अकाल मृत्यु के कारण मात्र जैविक नहीं, बल्कि आर्थिक तथा सांस्कृतिक भी हैं। परिवार नियोजन विभाग के अनुसार इन इलाकों में चालीस फ़ीसदी परिवार तभी परिवार नियोजन अपनाते हैं, जबकि उनके यहाँ कम-से-कम दो पुत्र हो चुके हों। इस दौरान तीन या अधिक लड़कियाँ पैदा हो भी जायें, तो घरवालों को उनकी खास परवाह नहीं होती। खर-पतवार की तरह वे ज्यों-त्यों पलती जाती हैं। इन लड़कियों की पोषाहार संबंधी पड़ताल से प्रमाणित होता है कि उनमें से अधिकतर पारिवारिक उपेक्षा तथा कुपोषण की शिकार हैं। ऐसा भी नहीं, कि यह स्थिति मात्र अशिक्षित-ग़रीब परिवारों की ही हो। यूनीसेफ़ (के लिए किये गये मोनिका दास गुप्ता) के शोधकार्य से स्पष्ट होता है कि हिंदी क्षेत्र में प्रायः सभी माता-पिता, बेटियों की अपेक्षा अपने बेटों के लालन-पालन और शिक्षा को तरजीह देते हैं। विद्वज्जन कासन तथा मिलर की रिपोर्टों के अनुसार उत्तर भारत में अब भले ही कन्या शिशु को जन्म लेते ही सौरी (प्रसव गृह) में न मारा जाता हो, लेकिन पोषण, चिकित्सा और देखभाल के क्षेत्र में आज भी प्रायः जानबूझकर उसकी उपेक्षा की जाती है। स्त्री की ऐसी उपेक्षा यदि सामाजिक रूप से स्वीकृत दर्शन हो, तो शिक्षित-अशिक्षित, स्त्री-पुरुष सब उसी पर आचरण करने लगते हैं।

इधर हाल में गर्भ-जल परीक्षण द्वारा गर्भस्थ भ्रूण का लिंग पता करने तथा कन्या भ्रूण का कोख में ही अस्तित्व मिटा देने के लिए (ग़ैरकानूनी तौर से) अम्नीयोसेंटेसिस तकनीक के प्रयोग के मामले लगभग सभी राज्यों में प्रकाश में आये हैं। कन्या-हत्या के इस व्ययसाध्य तरीके का प्रयोग बहुधा शिक्षित शहरी मध्यवर्ग द्वारा ही हो रहा है। मुंबई के एक अस्पताल में ऐसे गर्भपातों के सर्वेक्षण से पता चला कि वहाँ 800 में से 799 नष्ट किये गये भ्रूण कन्या शिशुओं के ही थे। कुछ लोग इसकी वज़ह दहेज को मानते हैं, पर पंजाब जैसे समृद्ध प्रान्त में किये गये शोध के रिकार्ड भी बताते हैं कि वहाँ की अधिकतर माताएँ एक भी बेटी नहीं चाहती थीं। और दूसरी बेटी तो कोई भी नहीं।

दरअसल उत्तर भारत में बेटियों की ऐसी उत्कट अवमानना के पीछे आर्थिक वजहें ही नहीं हैं। सामाजिक दृष्टि तथा सांस्कृतिक परंपराओं का एक गठबंधन भी है। बेटे की चाह के पीछे (वंश चलाने तथा बुढ़ापे में सहारा बनने या मुखाग्नि देने जैसी) जो सांस्कृतिक अवधारणाएँ या भावनात्मक अमूनन हैं, वे आज के उत्तरी भारत के ग्रामीण (तथा काफ़ी हद तक कस्बाई तथा शहरी भी) समाज तथा अर्थव्यवस्था में हिंसा की बढ़ोतरी से भी सीधे जुड़े हुए हैं।

1989 में प्रकाशित एक शोध (मिलर) के अनुसार उत्तर भारत में आज सिंचाई, ज़मीन तथा चकबंदी के उलझे मामलों सभी को सुलझाने में प्रायः हिंसा का सहारा लिया जाता है। इसमें बाप का हाथ बेटे मजबूत करते हैं। आज गाँवों में जिसके अनेक जवान बेटे हों, ऐसा व्यक्ति अपनी तथा अपनी संपत्ति की रक्षा में अपेक्षया समर्थ तथा बल-संपन्न माना जाता है और जहाँ क़ानून की बजाय प्रायः डंडे का ही राज चल रहा है, वहाँ नैतिकता की बजाय भुजबल का ही सम्मान होता है। यह हिंसक वातावरण स्त्रियों का सबसे बड़ा अवमूल्यक तत्त्व है।

हम ऊपरी तौर से भले ही एक सहिष्णु तथा अहिंसक समाज होने का दावा करते हों, पर क्या हम इस बात को नकार सकेंगे कि हमारे परिवारों के भीतर तथा बाहर राजनीति में चुनाव से चोर-बाज़ारी तक और स्त्रियों से छेड़-छाड़ से लेकर भूमि अधिग्रहण तक सारे मसले आज प्रायः शारीरिक बल और जोर-ज़बर्दस्ती से ही हल किये जाते दीखते हैं, कानूनी प्रक्रिया या भीतरी पारिवारिक बातचीत से नहीं। अपने यहाँ एक ओर न्याय प्रक्रिया ज्यों-ज्यों खर्चीली ओर पेचीदा होती चली गई है, त्यों-त्यों संसद से लेकर संयुक्त परिवारों तक संस्थाओं का लगातार ह्रास हुआ है। उधर उपलब्ध ज़मीन की तुलना में जनसंख्या बढ़ी है तथा पर्यावरण भी छीजता गया है। यदि गाँव के गाँव उजड़कर शहरों की ओर उमड़ पड़े हों, जनता को पारंपरिक, सांस्कृतिक, सामाजिक तथा न्यायिक सुरक्षा का छत्र उपलब्ध न हो, तो जंगल के न्याय से जीवन को बचाने का एकमात्र सहारा बनता है भुजबल। यानी भैंस रखनी है तो लाठी पहले मँगानी पड़ेगी। इसी बिंदु से हमें कन्या-शिशु ग्रासी बरमूदा त्रिकोण की जड़ उत्कट असामाजिक हिंसा में दीखने लगती है। अचरज नहीं कि जिन इलाकों में कन्याओं की तादाद सबसे कम पाई गई है, वहाँ हिंसक वारदातों तथा अपराधों की दर भी सामान्य से कहीं अधिक ऊँची है।

अब यदि स्त्रियों की कम होती तादाद किसी समाज के ज्यादा हिंसक और आक्रामक बनने से जुड़ती हो, तो क्या इस प्रकार के समाज में बुनियादी तथा स्थायी कदम उठाकर स्त्रियों की रक्षा के प्रयास किये बिना हमारे महिला तथा बाल विकास कार्यक्रम जड़ पकड़ पायेंगे ? क्या बेटे की उत्कट चाह के मारे हिंसक समाज में मात्र एक या दो बच्चों (जिसमें बेटी अनिवार्यतः शामिल हो) वाले सुशील परिवार की कल्पना या पेशकश करना खामखयाली न होगा ? यह ऐसे ठोस सवाल हैं, जिन पर सोचे बिना हम सिर्फ़ हवा में बाल-कल्याण या नारी शिक्षा की बातें कर सकते हैं।

पर्यावरण शास्त्री अनिल अग्रवाल ने अभी हाल में कन्या शिक्षा के संदर्भ में इन्हीं विचारों से जुड़े कुछ और भी विचारणीय मुद्दे सामने ला रखे हैं। 1981 में भारत में निरक्षर औरतों की तादाद अठारह करोड़ दस लाख के लगभग थी। 1991 में यह बढ़कर उन्नीस करोड़ तिहत्तर लाख के ऊपर हो गई है। यह एक विडंबना प्रतीत होती है कि दशक में स्त्रियों में कुल साक्षरता तो बढ़ी है (29.75 प्रतिशत से 39.42 प्रतिशत), पर वहीं आबादी उससे भी तेज़ी से बढ़ने के कारण स्त्रियों में निरक्षरों की तादाद भी बढ़ गई है। चूँकि एकाधिक शोध कार्य से प्रमाणित हो चुका है कि सही तरह से परिवार नियोजन अपनाया जाना सीधे घर की स्त्रियों की साक्षरता दर तथा आर्थिक स्थिति से भी जुड़ा है, लिहाजा कन्या शिशुओं के बच रहने का मसला हो अथवा कम संतान पैदा करने का, स्त्रियों का शिक्षित होना कहीं बेहद ज़रूरी बनता है। लेकिन शिक्षा तक बेटियों की पहुँच कहाँ है ? गढ़वाल के चमोली ज़िले के एक गाँव की स्थिति के शोध से यह बात सामने आई है कि गाँव में लड़कियों को स्कूल में दाख़िला दिलाना एक बात है और उनका वहाँ टिककर पढ़ाई पूरी कर पाना दूसरी। इस ग़रीब गाँव की अधिकतर बच्चियाँ दाख़िला तो ले लेती थीं, किंतु उनकी माताओं के ऊपर जैसे ही खेती-बाड़ी, गो-पालन, घर चलाना तथा चारा-ईंधन जमा करने के कामों का बोझ बढ़ता, उनको स्कूल से हटा लिया जाता। गाँव के लड़के उनकी अपेक्षा अधिक उम्र होने पर खेती में हाथ बँटाते हैं, अतः उन्हें कुछेक वर्ष शाला में टिके रहने का सौभाग्य मिल जाता है। जनवरी से मई तक पहाड़ों की ग्रामीण महिलाएँ प्रायः नौ से बारह घंटे काम करती हैं—जो गर्मियों में बढ़कर 13-15 घंटे तक पहुँच जाता है। अचरज नहीं कि इनकी जीवनी-शक्ति तथा उनकी कुपोषित कोख से पैदा होने वाले बच्चे सभी रक्त अल्पता और बीमारियों के सहज शिकार बनते हैं। उनकी तुलना में गाँव के पुरुषों पर शारीरिक श्रम के कार्यों का बोझ लगभग आधा पाया गया। इधर जंगल कटने से चारे-ईंधन-पानी की जो कमी हुई है, उससे यह शारीरिक श्रम और भी बढ़ गया है। ऐसी आपाधापी में शिक्षा मिले तो कैसे ?

जनगणना में उत्तर भारत की अपेक्षा दक्षिणी भारत में स्त्रियों की स्थिति बेहतर पाई गई है, खासकर केरल राज्य में। वहाँ ईंधन-चारे-पानी की समस्या इतनी विकराल नहीं, स्त्रियों की तादाद तथा शिक्षा दर (पुरुषों की तुलना में) भी राष्ट्रीय औसत से ऊँची है। क्या इसका संबंध केरल की औरतों की बेहतर पारंपरिक (मातृकुलीन) सामाजिक स्थिति से है, या कि राज्य में पर्यावरण की बेहतर नैसर्गिक स्थिति से ? या दोनों से ? स्मरणीय है कि केरल में स्त्रियों की साक्षरता दर सदा औसत से कहीं ऊँची रही है और जन्मदर राष्ट्रीय औसत से कम।

निश्चय ही ऐसे जटिल समाज शास्त्रीय सवालों के जवाब चालू सामान्यीकरणों से नहीं दिये जा सकते, लेकिन इन सवालों की दिशा में ठोस शोध किये जाने की आज बहुत ज़रूरत है। इसके साथ ही यह भी ज़रूरत है कि आज के हमारे ग्रामीण तथा शहरी जीवन की व्यावहारिक सच्चाइयों के संदर्भ में कन्याओं में शिक्षा-दर बढ़ाने के लिए मात्र कन्याशालाएँ खोलने तथा किताबें मुफ़्त बाँटने की बजाय, निम्न व्यावहारिक बिंदुओं पर भी विचार किया जाये—

- क्यों न पाठशाला जाने वाली बच्चियों को वित्तीय स्टाइपेंड की जगह चारे तथा ईंधन की एक ऐसी निश्चित मात्रा उपलब्ध कराई जाये, जिसे इकट्ठा करने के लिए घर वाले उनकी पढ़ाई छुड़ा देते हैं ?
- ग्रामों में स्कूली कैलेंडर क्यों न ग्रामीण जीवन की ज़रूरतों के मद्देनज़र बनाये जायें ? मसलन गाँवों में रोपाई-बुआई तथा कटाई के उन दिनों जब लड़कियों के हाथ बटाये बिना उनकी माएँ अकेली खेत तथा घर नहीं सँभाल सकतीं, पाठशालाओं की कक्षाएँ स्थगित रखी जायें और तब लगाई जायें, जब लड़कियाँ इससे फारिग हो लें।
- हमारे कृषि-विश्वविद्यालयों तथा पोलीटेक्निक विद्यालयों में स्त्रियों के श्रम को अधिक सहनीय बनाने के लिए बेहतर चूल्हों, ईंधन के प्रकार तथा खेती और रसोई उपकरण बनाने की दिशा में भी प्रयास किए जाएँ।
- चूँकि गो-पालन का काम घर की लड़कियाँ तथा औरतें ही करती हैं, अतः क्यों न 'ट्राइसेम' जैसी स्कीमों के तहत बेकार की सिलाई-कढ़ाई सिखाने के बजाय (गाँव की एक स्त्री कितने ब्लाउज या सलूके सिलवाती है भला ?) लड़कियों को गो-पालन तथा पशु-चिकित्सा की सहज-सरल व्यावहारिक ट्रेनिंग दी जाए।

स्त्रियों के संदर्भ में पहली दृष्टि में ये सरल व्यावहारिक बातें उदात्त विचारों के लती कुछ लोगों को हास्यास्पद प्रतीत हो सकती हैं, लेकिन हमें इससे कहीं अधिक हास्यास्पद लगता है, वस्तुस्थिति से नज़रें फिराकर सभा-सोसायटियों के ऊँचे मंचों से देश की माताओं-बहनों को, देश निर्माण में पुरुषों के कंधे से कंधा मिलाकर आगे आने का आह्वान देना। उनसे 'मंदिर-मस्जिद को बचाने के लिए अपना 'रक्त और श्रम' देने के लिए कहना। यह देखे बिना कि गृहस्थी की गाड़ी खींचते उनके शरीरों में न तो रक्त बच रहा है, न ही उनके उपेक्षित घायल मनों में उदात्त-कोमल विचार। जब हिंसा, अशिक्षा तथा पारिवारिक तिरस्कार के विकराल डंडे निरंतर स्त्री की प्रजाति को उस घातक बरमूदा त्रिकोण में धकेल रहे हों, जिससे कोई निष्कृति नहीं, तो उस समय देश में परंपरा को बचाने, हिंसा मिटाने और आबादी घटाने को तारसुर में स्त्रियों का आह्वान करना चरम पाखंड नहीं तो और क्या है ?

त्रिभुज के बारे में सोचते हुए

त्रिभुज का नाम लेने पर जो चित्र आँख के आगे अमूमन आता है, वह प्रायः एक ऊर्ध्वमुखी त्रिकोण का ही होता है। नीचे एक सरल सपाट रेखा और उसके ऊपर क्रमशः सँकरे होते स्पेस और घेर कर उर्ध्व पर एक ही बिंदु में विलोप हो जाने वाली दो सरल रेखाएँ, यह ज्यामिति की किताबों से लेकर मिस्र के पिरामिडों तक के आकार का मूल स्वरूप बनाता है। अपने यहाँ यही ऊर्ध्वमुखी त्रिभुज (शाक्त तंत्र में) शिव या पुरुष सिद्धांत का भी प्रतीक माना गया है। सोचने पर लगता है कि संभवतः यह पुरुषों द्वारा मूलतः पुरुषों के लिए रचे गये कार्यक्षेत्र में सफलता तथा शिखर पर जा पहुँचने के राजमार्ग का अंतर्राष्ट्रीय प्रतीक भी है, इसी कारण आज भूमण्डलीकृत दुनिया में कैरियर पिरामिड की ही अवधारणा स्वीकृत हो चुकी है।

सांसारिक सफलता के इस त्रिभुज में प्रगति का रास्ता एक चौड़ी आधारभूमि से शुरू होता है, जहाँ अनेक लोगों के खड़े होने के लिए ठौर है लेकिन ज्यों-ज्यों सफलता का इच्छुक संस्थान या व्यक्ति अपने इस कैरियर-त्रिभुज में ऊपर की ओर बढ़ता है, प्रगति के लिए उपलब्ध क्षेत्र 'कबीर' की प्रेम गली की तरह ही क्रमशः सँकरा होता चला जाता है और जब तक लोग शिखर पर पहुँचें, वहाँ जगह सिर्फ़ एक-दो जनों के लिए ही बच रहती है। जाहिर है ऐसे कार्यक्षेत्र में गलाकाट स्पर्धा, कमज़ोर के प्रति लापरवाही और मज़बूत को परे रखने की तानाशाह तथा चालाक कोशिशें ज़रूरी बनते चले जायेंगे।

समाज में इसी आक्रामक मानसिकता से पुरुषों के शारीरिक, मानसिक स्वास्थ्य में जो टूट-फूट होती है वह तो होती ही है, अंततः इसका सबसे बड़ा शिकार बनती हैं स्त्रियाँ, क्योंकि वे पूरी दुनिया में ऐतिहासिक और सामाजिक कारणों से पुरुषों की तुलना में शैक्षिक, आर्थिक और पारिवारिक रूप से काफ़ी कमज़ोर हैसियत रखती हैं। अतः अर्थनीति में फेरबदल होने से कहीं भी बड़ी छँटनियाँ हों, सरकारी या ग़ैर-सरकारी योजनाओं में बजट-कटौतियाँ लागू की जायें, सरकारी संसाधनों के नाकाफ़ी होने के नाम पर शिक्षा तथा स्वास्थ्य जैसे

सार्वजनिक क्षेत्रों को निजी हाथों में सौंपा जाने लगे तो इसकी सीधी और सबसे पहली मार कामकाजी स्त्रियों पर पड़ती है और यदि संसाधनहीन स्त्रियाँ आर्थिक दुर्गति के दलदल में एक बार डूबने लगें तो उनके बच्चों का भी उसमें धँसते जाना अनिवार्य होता जाता है। न उन्हें नया काम कोई देता है, न अपना धंधा शुरू करने को ऋण मिलता है। वे जायें तो जायें कहाँ ?

इस स्थिति को देखते हुए 1975 में मैक्सिको में महिला दशक की शुरुआत में जो शिखर सम्मेलन हुआ, उसमें कुछ देशों के प्रबुद्ध समाजसेवी महिला संगठनों ने उद्योग व्यवसाय की प्रतिस्पर्धा भरी दुनिया में ग़रीब कामगार स्त्रियों तक सांगठनिक ऋण और वित्तीय सुविधाएँ पहुँचाने के लिए एक ऐसा महिला विश्व बैंक बनाने का निर्णय लिया जिनकी शाखाएँ तमाम दुनिया में हों। इस तरह 1979 में ग़रीब कामगार स्त्रियों की मदद के लिए 'वीमेंस वर्ल्ड बैंकिंग' संस्था बनी, जो अपनी तरह की एक अनूठी ग़ैर मुनाफ़ा वित्तीय संस्था है। चालीस देशों में फैली इस संस्था का एकमात्र ध्येय है—बाज़ार व्यवस्था में स्त्रियों की खुली भागीदारी के लिए उन्हें जानकारी, ऋण तथा बाज़ार उपलब्ध कराके लगातार बढ़ावा देना। आज अठारह वर्ष बाद इससे दुनियाभर में लगभग पाँच लाख महिलाओं को बैंकिंग की सुविधाएँ मिल रही हैं। और तमाम आशंकाओं के विपरीत इन महिलाओं की लगातार बढ़ती तादाद तथा उनके द्वारा ऋण अदायगी का प्रतिशत लगभग 95 फ़ीसदी पर आ जाना स्पष्ट करता है कि ग़रीब स्त्रियों को ऋण देना औपचारिक बैंकिंग व्यवस्था के लिए कतई जोख़िम का बायस नहीं। इनमें से अधिकतर औरतें लघु व्यवसायी हैं जो कृषि, उद्योग, व्यापार अथवा निर्माण कार्यों से बेहद मामूली धंधों द्वारा आनुसंगिक तौर से जुड़ी हुई हैं। पर जहाँ तक नियमानुसार ऋण अदायगी और नियमित मेहनत की बात है, वे हर्षद मेहता, राज पिल्लै या निकालीसन जैसे 'धुरंधरों' की तुलना में ईमानदार हीं ठहरती हैं।

अनुमान है कि इस वक्त पूरी विकासशील दुनिया में कुछ नहीं, तो लगभग पचास करोड़ ऐसे लघु व्यवसायी हैं, जिन्हें बैंकिंग व्यवस्था से नर्म ऋण दरों पर छोटा-सा कर्ज़ा पाने मात्र से पैर तले की ठोस ज़मीन मिल सकती हैं। लेकिन फिलवक्त ग़रीबों के प्रति सांगठनिक वित्तीय संस्थाओं की शर्तों और तेवर इतने कड़े हैं कि उन तक इनमें से मात्र एक करोड़ लोगों की ही पहुँच हो पा रही है। शेष ग़रीब और छोटे उद्यमी आज भी भारी ब्याज पर रुपया चलाने वाले स्थानीय सूदखोरों के चंगुल में फँसे रहने को विवश हैं। ग़ैर सरकारी संगठनों ने ग़रीबी हटाओ योजनाओं के तहत विशेषतौर से बैंक ऋण सुविधाएँ दिलाने की कोशिश

तो की है पर वे बमुश्किल दो प्रतिशत ग़रीबों को ही बैंकों से ऋण दिलवा पाते हैं।

'इसकी वज़ह ये है कि बैंक के लोगबाग सब ग़रीबों पर घृणा शक करते हैं–' गुजरात की 'सेवा' संस्था से आई चंदा बहन का अपनी गुजराती बोली में कहना था–'वो सोचते हैं कि ये ग़रीब चिंदी बेचने वाली औरतें, ये पुराने कपड़ों के बदले बर्तन बेचने वाली बहनें, ये फुटपाथ पर टोकरी रख के सब्ज़ी-भाजी बेचने वाली बाइयाँ, ये तो कर्ज़ा ले के लौटाएँगी नहीं।' चंदा बहन ने गत एक तथा दो अप्रैल को दिल्ली में वीमेंस वर्ल्ड बैंकिंग फोरम द्वारा आयोजित एक उच्चस्तरीय गोष्ठी में अपने अध्यक्षीय वक्तव्य में यह बात कही। इस गोष्ठी में बीस देशों से आये हुए अर्थव्यवस्था के क़रीब साठ वज़नी प्रतिनिधि थे–जिनमें वित्तमंत्री, बैंकों के प्रमुख, सहकारी संस्थाओं के कार्यकर्ता तथा विकास परियोजना कार्यों के विभागीय प्रमुख शामिल थे। इन एक सौ बीस कानों में विश्व की औपचारिक वित्तीय व्यवस्था पर एक निपट ग़रीब औरत की ऐसी बेबाक टिप्पणी पहले शायद ही कभी पड़ी हो। विश्व के अमीर मुल्कों के प्रतिनिधियों को चंदा बहन ने विस्तार से बताया कि किस तरह वे और उनकी जैसी अन्य कई चिंदी बीनने वाली बहनें, सब्ज़ी-भाजी, पुराने कपड़े और नए बर्तन बेचने वाली औरतें पहली बार 'सेवा' (सेल्फ़ एम्पलायड वीमेंस एसोसिएशन) संस्था की मार्फ़त संगठित हुईं और धीमे-धीमे उन्होंने अपनी ग़रीबी के मूल पर समवेत विचार-विनिमय शुरू किया। इनमें हिंदू-मुसलमान सभी संप्रदायों की औरतें थीं–"क्योंकि ग़रीब की जात-धरम नहीं, बस पेट होता है।"

यहाँ से हमें एक नई राह, एक नई तरह के प्रगति-पथ के दर्शन होने लगते हैं जो पौरुषीय उर्ध्वमुख त्रिभुज के ठीक उल्टा अधोमुखी त्रिकोण बनाता है। इस त्रिभुज की शुरुआत एक अकेले बिंदु से होती है पर ज्यों-ज्यों वह प्रगति पथ पर ऊपर की ओर बढ़ता है, दोनों बाँहें फैलाकर अन्य लोगों को भी साथ लेता चलता है। यूँ बनता है शक्ति का त्रिकोण। यह उस स्त्री क्षमता का पारंपरिक खाका है जो खुद अकेले खाने या पहनने की कभी नहीं सोचती। जिसके हर काम, हर सोच के केंद्र में पूरा परिवार होता है। बच्चे-परिवार तथा समुदाय को लिये-दिये, साथ-साथ बढ़कर जब बाँहें फैलाये यह त्रिभुज अपनी प्रगति के शिखर पर जा पहुँचता है, तो एक विशाल विस्तार का रूप ले लेता है जहाँ सबके लिए पैर टिकाने की जगह है, किसी को बाहर नहीं धकेला जा रहा।

ग़रीब निरक्षर स्त्रियों के भीतर की इस उर्ध्वमुखी पर सोई हुई सांगठनिक क्षमता को पहचान कर सहकारिता संघ की मार्फ़त उसे जगाने वाली महिला हैं 'सेवा' की महासचिव सुश्री इला भट्ट। दुबली-पतली काठी की यह कर्मठ गांधीवादी

समाज सेविका शुरू से भारत मज़दूर किसान संगठन की सदस्या की बतौर महिला कामगार संगठनों और ट्रेड यूनियन आंदोलन से सक्रिय तौर से जुड़ी रही हैं।

असंगठित क्षेत्र की महिला कामगारों को सहकारिता के दर्शन से जोड़ कर 'सेवा' की छत्रछाया तले संगठित करना आसान काम नहीं था, क्योंकि इनमें से अधिसंख्य औरतें अशिक्षित, दब्बू और पुलिस तथा पुरुषों से बेतरह खौफ़ खाने वाली थीं। चंदाबेन की तरह कई महिलाओं के घर के पुरुष पढ़े-लिखे होकर भी बेरोजगार थे। लंबी कपड़ा मिल हड़तालों ने गुजरात के मिल मज़दूरों की एक तरह से रीढ़ ही तोड़ दी थी। ऊपर से सांप्रदायिक तनाव भी बढ़ता जा रहा था। जब संगठित क्षेत्र से प्रशिक्षित मज़दूरों की एक फौज़ की फौज़ रातोरात असंगठित कामगार बनने को बाध्य हो गई हो, तो इन ग़रीब अनपढ़ औरतों के आगे खुद का अपना कोई भी काम पकड़ने के अलावा और क्या राह बचती थी ? यहाँ पर अब दिक्कत आती है पूँजी की। बैंक जाकर ऋण के लिए कहो, तो टके-सा जवाब मिलता है—'कोई गारंटी देने वाला लाओ।' चंदाबेन के शब्दों में, "ग़रीबों के तो जान-पहचान वाले भी ग़रीब होते हैं, उनकी गारंटी कौन मानेगा ?" फिर जाना पड़ता सूदखोर सेठ के आगे, उसका कर्ज़ा चुकाकर बमुश्किल कुछ रुपए बचते।

महिला विश्व बैंकिंग की शाखा से दरअसल सबसे अधिक फ़ायदा ऐसी ही महिलाओं को हुआ है, जिन्हें रोज़ाना अपने धंधे के लिए दो सौ या तीन सौ रुपए की पूँजी चाहिए। बाज़ार की क्षेत्रीय ज़रूरतों के आधार पर पहले महिला सरकारी बचत-ऋण मंडल बने, जिन्होंने एक-दूसरे से जुड़कर एक ठोस सांगठनिक शक्ल हासिल की। 1990 से लेकर 1995 की शुरुआत तक महिला विश्व बैंक फोरम ने जिन 45,000 औरतों को दो करोड़ रुपए के ऋण दिलाये हैं, वे सभी बचत और ब्याज संगठनों तथा कामगार संगठनों से जुड़ी हुई हैं। यह ऋण इन महिलाओं को उनके सहकारी संगठनों की मार्फ़त मिलते हैं। सभी संगठनों को कुछ ग़ैर-सरकारी स्वैच्छिक संगठन चला रहे हैं। काम-काज कैसे हो, किस सदस्या को कितनी ऋण राशि दी जाये, यह तमाम निर्णय यह संगठन अपनी सदस्याओं की से लेते हैं, नौकरशाही निरंकुशता से नहीं इसलिए इन संगठनों की सदस्याओं का आत्मविश्वास देखने लायक है। महिला बैंक इन संगठनों को बारह प्रतिशत ब्याज पर ऋण देता है और वे अपनी सदस्याओं से उस पर 24 से 36 प्रतिशत ब्याज लेते हैं ताकि इस अतिरिक्त राशि से संगठन का काम भी होता रहे। सदस्याओं के अनुसार यह ब्याज दर ऊँची तो है, पर फिर भी बाज़ार के सूदखोरों से काफ़ी कम है। ये सदस्याएँ जानती हैं कि पूँजी

का चलाना क्यों ज़रूरी है। बमुश्किल कोई ऐसी ऋण लेने वाली सदस्या होगी जो नियमित रूप से अपना ऋण अपनी बैंक शाखा को न चुकाती हो। यह ऋण चुका कर छोटी उद्यमी भी तीस से चालीस रुपए तक की राशि रोज़ कमा लेती हैं जिसमें बचत की भी गुंजाइश बनती है। इसके बूते पर वे अपना धंधा कैसे बेहतर चला पाती हैं। इसका उदाहरण हैं गुजरात व केरल की मछली बेचने वाली औरतें। सांगठनिक पूँजी व्यवस्था और नियमित बचत के बूते अब वे बेहतर और बड़ी मछलियाँ ही नहीं उन्हें ख़राब होने से बचाने को बर्फ़ की सिल्लियाँ भी मोला पाती हैं। इससे उनकी आमदनी और भी बढ़ती है और बचत का परिमाण भी। जब उनकी हालत कुछ और सँभल जाये और वे पाँच सौ रुपए तक के ऋण लौटाने में समर्थ हो जायें तो कई सदस्याएँ फिर व्यावसायिक बैंकों से भी ऋण लेने लगती हैं। केरल में तो मछुआरिनों की संस्थाओं ने इतनी अच्छी बचत कर ली है कि उनमें से कुछ आज 25 लाख तक का उधार सामान्य बैंकों से पाने की अर्हता रखती हैं। इस पूँजी से उन्होंने अपनी बर्फ़ की फैक्ट्री लगा ली है तथा मछली लाने-ले जाने को अपने संगठन के लिए एक वैन भी ख़रीद ली है। इसी तरह महाराष्ट्र में पुणे के पास खेड ताल्लुके की औरतों ने महिला बैंक से ऋण पाकर बीस-बीस औरतों की सफल दूध-मंडलियाँ बना ली हैं और अब वे दूध की बिक्री से अच्छा कमा रही हैं। हाल में वहाँ भी बीस गाँवों के महिला संगठनों ने अपना एक संघ बनाकर एक लाख रुपए का कर्ज़ा ले लिया है, जिससे अब वे अपने धंधे को और भी आगे बढ़ा सकने के लिए बेहतर संसाधनों की व्यवस्था कर सकेंगी।

अभी महिला बैंकिंग फोरम के पास भारत में राष्ट्रीय कृषि तथा ग्रामीण बैंक (नाबार्ड) के द्वारा उपलब्ध कराई 1.5 करोड़ की घुमंतू पूँजी है। इसे वे कालांतर में 100 करोड़ तक फैलाने की इच्छुक हैं ताकि अधिकाधिक ग़रीब औरतों को इसका लाभ मिल सके। अंतिम उद्देश्य सबका एक ही है कि इन औरतों को बैंकिंग द्वारा लेन-देन के काम की सही संस्थागत कार्य चलाने की ट्रेनिंग मिलती रहे ताकि वे आपस में गठबंधन द्वारा वृहत्तर महासंगठनों का निर्माण करें और अपने संयुक्त संसाधनों की मदद से अधिक बड़ी पूँजी इकट्ठा करके उसका बेहतर तथा अधिक समृद्धिकारक निवेश कर सकें।

यह सच है कि महिला बैंक की पहुँच अभी कुछ ही राज्यों तक है। यह भी सच है कि वे सदस्याओं को सामान्य बैंकों से अधिक ब्याज पर रुपया देती हैं। लेकिन यह व्यवस्था तब भी ग्रामीण साहूकारों से कहीं कम क्रूर और हितकारी ठहरती है। आज भारत में लगभग एक करोड़ औरतें इस व्यवस्था से लाभान्वित हो रही हैं। महिला विश्व बैंक फोरम का सपना है कि 2025 तक इसे 18 करोड़ महिलाओं के पास तक ले जाया जा सके।

आत्म-निर्भरता, सहकारिता के जरिए

'सेवा' की महासचिव इलाभट्ट से बातचीत

मुख्य उद्देश्य ?

'सेवा' के दो मुख्य उद्देश्य हैं—पहला, महिलाओं को आत्मनिर्भर बनाना और दूसरा, परिवार के स्तर पर सालभर पूरा रोज़गार उपलब्ध कराना। आत्मनिर्भरता से इन स्त्रियों तथा उनके परिवारों की सिर्फ़ माली हालत ही नहीं सुधरी, उनके परिवारों के स्वास्थ्य में भी सकारात्मक असर दिखाई देने लगा है। हमारी सदस्याएँ एकल और सामूहिक दोनों स्तरों पर आत्मनिर्भरता का लक्ष्य रखती हैं।

सामूहिक रूप से काम करने के लाभ ?

कमजोर वर्ग समूह में ही अधिक क्षमता से भाव-ताव करने और बाज़ार में पैठ बनाने में समर्थ होते हैं, यह हमारा अनुभव है। चाहे लाइसेंस लेना हो या बीमा कराना हो। संगठन ग़रीबों के बहुत काम आता है। बनासकाँठा ज़िले में, जो कच्छ के रण में स्थित है, दो ताल्लुकों से 120 गाँवों की औरतों ने अपने बचत संगठन बनाए और उन्हें एक महासंघ से जोड़कर अब उन्होंने ग्रामीण महिला तथा बाल विकास संगठन की मार्फ़त कर्ज़ लेकर कामकाजी पूँजी पैदा कर ली है।

आगे की संभावित दिक्कतें ?

दुनिया के महाबाज़ार में इतने छोटे गुटों और छोटे पैमाने पर किये जाने वाले उद्योग-धंधों की दृष्टिगोचरता अभी बहुत कम है। इसलिए नीतियाँ बनाते वक्त इन लोगों के हितों की सुध कम ली जाती है। दूसरे, ग़रीब-छोटे उद्यमियों को कच्चे माल की दिक्कत बढ़ती जा रही है, क्योंकि नई नीति निर्यात को प्रोत्साहन

देने की है, अतः कई छोटे उद्योगों के लिए ज़रूरी कच्चा माल जैसे सूत, चमड़ा आदि बड़ी मात्रा में बाहरी देशों को भेजा जा रहा है, जबकि हमारे अपने छोटे उद्यमी तरस रहे हैं। फिर तीसरी दिक्कत आती है भण्डारण की। अपने कच्चे और तैयार माल और औजारों आदि को सुरक्षित रखने के लिए ग़रीब उद्यमियों को जगह की बड़ी तंगी रहती है। माल ख़राब हो जायेगा, इस डर से वे अधिक उत्पादन नहीं कर पाते।

विश्व स्तर पर ग़रीबों के बारे में जो बँधे हुए पूर्वाग्रह हैं उनसे मुक्त होना बहुत कठिन है। अभी भी ऋण या अनुदान देने वाले अमीर देशों के संगठन ग़रीबों को लेकर जब अनुदान की बात करते हैं, तो उसका मतलब भरोसे के बिचौलियों की मार्फ़त कुछ अनुदान देने-दिलाने तक ही सीमित होता है। जबकि ज़रूरत है ग़रीब व्यवसायियों की उत्पादन क्षमता विकसित करने वाले ऐसे समन्वित कार्यक्रमों की, जिसमें इन कामगारों को समर्थ सहकार और हस्तक्षेप का हक हो। हमारे व्यावसायिक तबके और बैंक व्यवस्था के बड़े लोग ठेलागाड़ी-हाथगाड़ी के स्तर की बातें सुनते ही बोर होने लगते हैं। अक्सर मुझसे कहा जाता है कि मैं इतने सालों से फुटकर फुटपाथ विक्रेताओं मथाड़ी कामगारों और हाथगाड़ी खींचने वाली औरतों तक ही क्यों अटकी पड़ी हूँ ? क्यों नहीं कुछ नई और अरब-खरब कमाने वाली बाज़ार तकनीकों पर दृष्टि डालती। मेरा कहना है ग़रीबों को दयामय रक्षावाद नहीं चाहिए, उनके पास जो हुनर और क्षमता है उसके लिए व्यवस्थागत सुरक्षा चाहिए, जैसी कि समृद्ध व्यवसायियों को हमेशा दी जाती है।

अमीर भूमंडलीकृत बाज़ार व्यवस्था से असंगठित क्षेत्र के ग़रीबों को क्या चाहिए ?

हमें तदर्थवादी व्यवहार और नीतियाँ नहीं, एक स्पष्ट और बुनियादी राजनैतिक दृष्टि और संकल्प चाहिए, जो ग़रीबों को बोझ नहीं राष्ट्रीय संसाधन मानें और इसी आधार पर वित्तीय नीतियाँ गढ़ें।

दूसरे हमें व्यवस्था से धीरज भरा व्यवहार भी चाहिए। हम कहते हैं कि हमारे संगठनों के जन्म से लेकर विकास तक की लंबी प्रक्रिया से आप हमारे साथ गुजरिए—यह विकास क्रमशः होता है। आज पौधा रोपकर कल फल मत खोजिए। 'सेवा' संस्था ने बीस साल काम किया, तो अब जाकर हमारी सदस्याओं के जीवन पर उनकी आत्मनिर्भरता की छाप शिक्षा-दीक्षा से लेकर बाज़ार से उनके रिश्तों पर दीखने लगी है।

सहकारिकता संगठनों पर इतना बल क्यों ?

क्योंकि वही ग़ैर-सरकारी संगठन दुर्बल वर्ग के बीच सही तरह से काम कर पाते हैं, जिनमें स्थानीय समाज के दुर्बल वर्ग की खुद सदस्य-स्तर पर भागीदारी हो। इससे उन्हें प्राथमिकताएँ तय करने और निर्णय लेने का सीधा सामूहिक अधिकार मिलता है, जो उस संगठन से उन्हें कस कर जोड़े रखता है। सिर्फ़ दान नहीं, सहकार से संगठन भी बढ़ते हैं और उत्पादन भी।

विश्व बैंकिंग व्यवस्था से आपकी अपेक्षाएँ ?

एक : कि बैंक हमें जब ज़रूरत हो, हमारी छोटी ज़रूरतों के मुताबिक राशि हमें बिना ना-नुच के देते रहें। *दो :* बैंक हमसे वैसा ही दीर्घकालिक रिश्ता बनायें जैसा वे अपने धनाढ्य ग्राहकों से रखते हैं और हमारे द्वारा उठाये व्यावसायिक जोखिमों में वैसे ही भागीदार भी बनें जैसा वे बड़े आसामियों के लिए करते रहे हैं। एक बैंकर का अपने स्थायी ग्राहक के व्यावसायिक जीवन से पूरा नाता बनना चाहिए। यह औरतें दान-भीख में यकीन नहीं करतीं। वे सामान्य ज़िम्मेदार व्यवसायियों की तरह लोन ले रही हैं और उसे सही समय पर समुचित ब्याज के साथ वापस कर रही हैं। उनका आत्मविश्वास और जीवट किसी से कम नहीं। उनमें श्रमजीविता को लेकर कोई हीनभाव नहीं। अपने साथ वे अपनों को भी आगे बढ़ाती हैं। ताकि उनका जीवन भी बेहतर बने। बैंकिंग व्यवस्था उनके लिए उनके गाँव का कुआँ है। उससे वे अपनी क्षमतानुसार लेती हैं, और एक बूँद भी बरबाद नहीं करतीं।

क्या गुजरात में सरकार बदलने से आपकी संस्था पर असर होगा ?

सभी सरकारों और उन राजनैतिक पार्टियों, जो उनको चलाती हैं, ग़रीबों और ग़रीबों के मसले पर एक ही जैसी बेरुखी होती हैं।

❑❑

राजेन्द्र यादव

राजेन्द्र यादव का ज़न्म 28 अगस्त, 1929 को आगरा, उत्तर प्रदेश में हुआ। उन्होंने आगरा विश्वविद्यालय से एम.ए. (हिन्दी) किया।

उनकी प्रकाशित पुस्तकें हैं—'देवताओं की मूर्तियाँ', 'खेल-खिलौने', 'जहाँ लक्ष्मी कैद है', 'अभिमन्यु की आत्महत्या', 'छोटे-छोटे ताजमहल', 'किनारे से किनारे तक', 'टूटना', 'ढोल और अपने पार', 'चौखटे तोड़ते त्रिकोण', 'वहाँ तक पहुँचने की दौड़', 'अनदेखे अनजाने पुल', 'हासिल और अन्य कहानियाँ', 'श्रेष्ठ कहानियाँ', 'प्रतिनिधि कहानियाँ' (कहानी-संग्रह); 'सारा आकाश', 'उखड़े हुए लोग', 'शह और मात', 'एक इंच मुस्कान' (मन्नू भंडारी के साथ), 'मंत्र-विद्ध' और 'कुलटा' (उपन्यास); 'आवाज तेरी है' (कविता-संग्रह); 'कहानी : स्वरूप और संवेदना', 'प्रेमचन्द की विरासत', 'अठारह उपन्यास', 'काँटे की बात' (बारह खंड), 'कहानी : अनुभव और अभिव्यक्ति', 'उपन्यास : स्वरूप और संवेदना' (समीक्षा-निबन्ध-विमर्श); 'वे देवता नहीं हैं', 'एक दुनिया : समानान्तर', 'कथा जगत की बाग़ी मुस्लिम औरतें', 'वक़्त है एक ब्रेक का', 'औरत : उत्तरकथा', 'पितृसत्ता के नए रूप', 'पच्चीस बरस : पच्चीस कहानियाँ', 'मुबारक पहला क़दम' (सम्पादन); 'औरों के बहाने' (व्यक्ति-चित्र); 'मुड़-मुड़के देखता हूँ...' (आत्मकथा); 'राजेन्द्र यादव रचनावली' (15 खंड)। अगस्त, 1986 से 27 अक्टूबर, 2013 तक उन्होंने प्रेमचन्द द्वारा स्थापित कथा-मासिक 'हंस' का सम्पादन किया। 'चेख़व', 'तुर्गनेव', 'कामू' आदि लेखकों की कई कालजयी कृतियों के अनुवाद भी किए।

28 अक्टूबर, 2013 को उनका निधन हुआ।